中国象棋经典布局系列

中炮对三步虎转半途列炮

朱宝位　刘海亭　编著

时代出版传媒股份有限公司
安徽科学技术出版社

图书在版编目(CIP)数据

中炮对三步虎转半途列炮 / 朱宝位,刘海亭编著.
--合肥:安徽科学技术出版社,2019.1(2023.4重印)
(中国象棋经典布局系列)
ISBN 978-7-5337-7446-2

Ⅰ.①中… Ⅱ.①朱…②刘… Ⅲ.①中国象棋-布局(棋类运动) Ⅳ.①G891.2

中国版本图书馆 CIP 数据核字(2018)第 000407 号

中炮对三步虎转半途列炮　　　　　　　　　　朱宝位　刘海亭　编著

出 版 人：丁凌云　　　选题策划：刘三珊　　　责任编辑：刘三珊
责任校对：沙　莹　　　责任印制：李伦洲　　　封面设计：吕宜昌
出版发行：安徽科学技术出版社　　　http://www.ahstp.net
　　　　　(合肥市政务文化新区翡翠路 1118 号出版传媒广场,邮编:230071)
　　　电话：(0551)63533330
印　　　制：唐山富达印务有限公司　　　电话:(022)69381830
(如发现印装质量问题,影响阅读,请与印刷厂商联系调换)

开本：710×1010　1/16　　　印张：12.5　　　字数：225 千
版次：2023 年 4 月第 3 次印刷

ISBN 978-7-5337-7446-2　　　　　　　　　　定价：48.00 元

前　言

　　中炮对三步虎转半途列炮，是 20 世纪 80 年代发展起来的新型布局。黑方进马、出车、平炮，形成三步虎，然后发展成半途列炮的阵形，是现代布局中新产生的庞大体系，也为现代列炮布局写下光辉的一页。其布局特点是：双方对攻性较强，变化复杂、激烈，内容丰富。因此，它一出现就受到棋手们的欢迎，并在实战中广泛运用。中炮对三步虎转半途列炮主要分红方进三路兵、红方进七路兵、红方两头蛇、互进七路兵(卒)等四类。

　　本书专门介绍和阐述中炮对三步虎转半途列炮的各种局式、变化及其攻防战略。全书分四章 77 局，最后附有实战对局选例 20 局，以供读者在阅读研究时与本书理论部分的内容互相印证，随着实战经验的积累，不断提高这种布局的技战术水平。

　　限于笔者水平，书中不妥之处在所难免，希望得到棋界同好的批评、指正。

编著者

目　　录

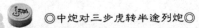

第一章 红进三路兵类

第一节 红平边炮变例

第1局 红平边炮对黑挺3路卒

1.炮二平五　马8进7　　2.马二进三　车9平8

3.兵三进一　炮8平9　　4.马八进七　炮2平5

至此,形成中炮进三路兵对三步虎转列炮的阵形。黑方补架中炮,力争对攻之势,是比较常见的应法之一。

5.车九平八　马2进3　　6.炮八平九　…………

红方平炮亮车,给主力开路。

6.…………　卒3进1

黑方挺3路卒,活通马路,是常见的应法。

7.马三进四　…………

红方跃马控制河口,并可伺机马四进三踏卒并牵制黑方左翼马炮,着法有力。如改走车八进四,则车1平2,车八进五,马3退2,炮九进四,炮5平3,相七进九,象7进5,车一进一,车8进4,车一平八,马2进1,车八进三,士6进5,黑方满意。

7.…………　车1进1

黑方高横车,准备抢占肋道,是针对性很强的走法。如改走车8进5,则相三进一,炮9进4,车一平三,炮9平3,马四进三,车8进1,兵三进一,士4进5,兵三平四,红方先手。

8.车八进四　车1平4(图1)

黑方如改走车8进4,红方则炮九退一,车1平8,炮九平三,士6进5,车一进二,前车进4,炮三进五,前车平6,仕六进五,马7退9,炮五平四,炮5平7,相七进五,车8进2,兵七进一,象7进5,兵七进一,象5进3,马七进六,炮7退1,车八进二,卒9进1,车八平七,象3进5,马六进四,红方易走。

如图1形势,红方有三种走法:车一进一、仕四进五和炮五平三。现分述

1

如下。

第一种走法：车一进一

9. 车一进一 ………

红方高车，迅速开动右翼主力。

9. ……… 车8进4

10. 马四进三 ………

红方亦可改走炮五平三，黑方如卒7进1，红方则兵三进一，车8平7，炮九退一，马7退9，炮九平三，车7平6，前炮平四，车6平7，相七进五，马3进4，车八平六，马4进6，车六进四，马6进8，炮四平二，炮9平8，车一进一，炮8平6，仕六进五，车7进4，车六平一，红方优势。

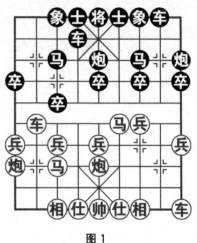

图1

10. ……… 车4进5   11. 炮五平三 车4平3

12. 车八退二 ………

红方退车保马，暗伏炮三进一打死黑车的手段，是含蓄有力之着。如改走相七进五，则马3进4，黑不难走。

12. ……… 马3进4

黑方进马，准备弃车争先，略嫌冒进。不如改走车8进2（如炮5进4，则马七进五，车3平5，相七进五，炮5平7，马三进一，象7进9，车八进五，红方占优势），红方如接走马三进五，黑方则炮9平5，炮三进五，马3进4，仕四进五，卒3进1，黑方弃子占势，不难走。

13. 炮三进一 卒3进1

黑方弃车，贯彻预定方案。如改走马4进5，则炮三平七，马5进4，相三进五，马4退2，炮七进七，士4进5，马三进一，象7进9，车一平八，马2退3，仕六进五，马3退5，炮九进四，红方大占优势。

14. 炮三平七 卒3进1   15. 车八进三 ………

红方弃还一马，进车拴链黑方车、马，是简明有力的走法。

15. ……… 卒3进1   16. 车一平六 马4进5

17. 车六进八 ………

红方乘机毁去黑方一士，使其更难守和了。

17. ……… 将5平4   18. 车八平二 卒3平2

19. 炮九进四　马5退7　　20. 相七进五　马7进6

21. 帅五进一

红方优势。

第二种走法：仕四进五

9. 仕四进五　⋯⋯⋯⋯⋯

红方补仕，巩固阵形，是稳健的走法。

9. ⋯⋯⋯⋯⋯　士6进5

黑方补士固防，正着。如改走卒9进1，则炮五平三，车8进6，兵三进一，车8退1，兵三进一，马7退9，相三进五，车4平6，炮三进二，红方优势。

10. 炮五平三　⋯⋯⋯⋯⋯

红方卸炮攻击黑马，调整阵形。

10. ⋯⋯⋯⋯⋯	马7退9	11. 兵七进一	车8进4
12. 相三进五	马3进4	13. 马四进三	车4平3
14. 兵七进一	车3进3	15. 马三进五	象7进5
16. 车八平六	马9退7	17. 马七进八	马7进6
18. 兵九进一	卒9进1	19. 马八进九	车3进2
20. 炮九平六	马4退2	21. 车六进二	炮9进1
22. 车六平五	马6进8	23. 车五退二	马2进4

24. 兵三进一　⋯⋯⋯⋯⋯⋯

红方献兵，佳着。如改走车五平六，则炮9平1，炮六进三，车3平5，黑方反先。

24. ⋯⋯⋯⋯⋯⋯　象5进7

黑方以象吃兵，正着。如改走车8平7，则车一平二，马8进6，车二进九，车7退4（如士5退6，则炮六进七，车7进3，炮六平四，马6退7，车二进三，红方弃子占势），车二平三，象5退7，车五进一，马4进5，马九退七，也是红方优势。

25. 车五平六	炮9平1	26. 炮六进三	象7退5
27. 兵五进一	车3平7	28. 炮三平四	马8退6
29. 炮四进四	车7平6	30. 车一平四	车6进3

31. 仕五退四

红方易走。

第三种走法：炮五平三

9. 炮五平三　⋯⋯⋯⋯⋯

红方卸炮,准备侧袭黑方左翼。

9.·········· 卒5进1

黑方进中卒,准备盘马中路,进攻方向正确。

10.仕四进五 ··········

红方补仕固防。如改走马四进三,则卒5进1,马三进五,炮9平5,炮三进五,马3进5,黑方弃子占势。

10.·········· 卒5进1

黑方续冲中卒,着法紧凑有力。

11.兵五进一 马7进5 12.马四进三 ··········

红方如改走马四进五兑马,黑方则马3进5,兵五进一,炮5进2,炮三平五,炮9平5,也是黑方易走。

12.·········· 车4进4

黑方兑车争先,是紧凑的走法。

13.车八平六 马5进4 14.相三进五 马3进2

15.车一平四 ··········

红方如改走兵七进一,黑方则马2进3,也是黑方易走。

15.·········· 炮9进4 16.马三进四 车8进3

17.马四退六 将5进1 18.马六退五 马2进3

19.炮九平八 炮9进1

黑方子力灵活占势,易走。

第2局 红平边炮对黑高横车(一)

1.炮二平五 马8进7 2.马二进三 车9平8

3.兵三进一 炮8平9 4.马八进七 炮2平5

5.车九平八 马2进3 6.炮八平九 车1进1

黑方高横车,加快主力出动速度,是力争主动的走法。

7.马三进四 ··········

红方跃马河口,是稳步进取的走法。

7.·········· 车1平4 8.车八进四 ··········

红方高车巡河,是稳健的走法。

8.·········· 车4进7

黑方肋车进下2路,较为激进。这里另有两种走法:

①车8进4,车一进一,卒3进1,车一平三,炮9进4,马四进三,车4进3,马三退四,车4平6,炮五平四,车6平5,马四进三,炮5平6,仕六进五,红方先手。

②卒3进1,仕四进五,士6进5,炮五平三,马7退9,相三进五,红方先手。

9.仕四进五(图2) ············

红方如改走炮五平三,黑方则车4平6(应改走车8进8为宜),仕六进五,车6退2,马四进六,马7退9,车八进四,卒3进1,马六进五,象3进5,车八平一,红方得子,胜势。

如图2形势,黑方有五种走法:车4平3、卒3进1、卒5进1、车8进8和车8进4。现分述如下。

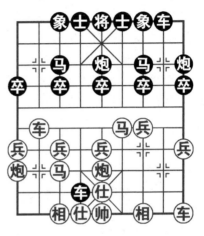

图2

第一种走法:车4平3

9. ············ 车4平3

黑方平车捉马,孤军深入,实战效果欠佳。

10.车八退二　车8进4

黑方如改走卒3进1,红方则炮五平三,红方优势。

11.马四进三　车8进3　　12.炮五平四　车3进1

黑方如改走车3平4,红方则车八进四,也是红方优势。

13.兵三进一	卒5进1	14.马三进五	炮9平5
15.相三进五	车3平1	16.兵三进一	马7退9
17.马七退八	炮5进4	18.马八进六	炮5退1
19.马六进五	车8退1	20.马五进三	车8平1
21.炮四退二	士4进5	22.马三进四	炮5平1
23.炮四平三	将5平4	24.帅五平四	炮5进2
25.车一进二	炮5平8	26.相五退七	车1退1
27.车八平六	车1平4	28.车六退一	车4进2

29.炮九平六

红方胜势。

第二种走法:卒3进1

9. ············ 卒3进1　　10.炮五平三　卒7进1

5

11. 兵三进一　　车8进5　　12. 相三进五　　马7退5

黑方如改走马3进4,红方则炮三进二,红方主动。

13. 炮三退一　　车4退5　　14. 炮三进三　　炮5平7

15. 兵三平二　　卒5进1　　16. 车一平四　　象7进5

17. 马四退六　　···········

红方退马车口,佳着!

17. ···········　　车8退1

黑方如改走车4进3,红方则车四进八,红方呈胜势。

18. 车八平四　　车8退4　　19. 马六进五　　马3进5

20. 前车进二　　炮7进2　　21. 马五进三　　炮9平7

22. 兵五进一

红方大占优势。

第三种走法:卒5进1

9. ···········　　卒5进1　　10. 马四进三　　···········

红方进马踩卒,谋取实惠。

10. ···········　　士6进5　　11. 兵三进一　　车4平3

黑方如改走马7进5,红方则兵三平四,卒5进1,兵五进一,马5进4,炮五进五,象3进5,马七进五,车4退2,马五进三,红方优势。

12. 车八退二　　马7进5　　13. 兵三平四　　卒5进1

14. 兵五进一　　炮5进3　　15. 马七进五　　车3退2

16. 炮五进二　　车3平5　　17. 车八平五　　车5进1

18. 相三进五

红方优势。

第四种走法:车8进8

9. ···········　　车8进8

黑方伸车至下2路,着法积极。

10. 炮五平三　　···········

红方卸中炮,正着。

10. ···········　　卒5进1　　11. 相三进五　　···········

红方飞相固防,是稳健的走法。

11. ···········　　马7进5　　12. 马四进三　　卒5进1

13. 马三进五　　象7进5　　14. 车八平五　　象5进3

黑方飞象,准备平中炮打车,走得很别致。

15.炮九进四　车8退5

黑方如改走炮9平5,红方则车五进二,马3进5,炮九平五,红方易走。

16.炮三退一　车4退2　　17.炮九平五　马3进5

18.兵三进一　车4平3

黑方应以改走炮9平5为宜。

19.兵三平二　车8平7　　20.相五进三　车7平6

21.车二平四　…………

红方逼兑车,稳占多兵之利,是简明有力的走法。

21.…………　车6进6　　22.仕五退四　车3进1

23.车五进二　炮9平5　　24.相三退五

红方多兵占优。

第五种走法:车8进4

9.…………　车8进4　　10.炮五平三　卒5进1

11.炮三退一　车4退5　　12.马四进三　马7进5

13.相三进五　…………

红方阵形工整,局面主动。黑方突破中路被遏制。

13.…………　士6进5　　14.兵七进一　车8进2

15.车八进二　车4进3　　16.车八平七　炮9平6

黑方平炮,被红方简明交换后形成少卒局面,不如改走车4平3,红方如炮三进一,黑方则炮9平8,炮九进四,炮8进1,炮九退一,象3进1,这样可以保持局面的复杂性。

17.马三退四　车4平3　　18.马四进五　车8退3

19.炮三进一　车8平5　　20.车七平五　马3进5

21.炮九退一　炮6进5

黑方如改走卒5进1,红方则炮九平七,车3平4,炮三进一,车4退3,兵五进一,马5进6,黑方虽然少卒,但子力活跃,尚可一搏。

22.仕五进四　车3进1　　23.车一平二　卒5进1

24.兵五进一　象7进9

黑方如改走炮5进3,红方则炮九平五,车3退2,炮三进七,红方优势。

25.车二进九　士5退6　　26.车二退六　…………

红方车占据要道,是攻守兼备之着。

26.⋯⋯⋯⋯⋯ 车3进1　　27.炮九进五　车3平7

28.兵五进一　⋯⋯⋯⋯⋯

红方冲中兵是紧凑之着,这样已完全控制局面。

28.⋯⋯⋯⋯⋯　马5退3　　29.炮九平三

红方多兵,大占优势。

第3局　红平边炮对黑高横车(二)

1.炮二平五　马8进7　　2.马二进三　车9平8

3.兵三进一　炮8平9　　4.马八进七　炮2平5

5.车九平八　马2进3　　6.炮八平九　车1进1

7.车八进四　车8进4(图3)

黑方左车巡河,是改进后的走法。以往多走车1平4,马三进四,卒3进1,车一进一,车8进4,以下红方有两种走法:

①马四进三,车4进5,炮五平三,车4平3,车八退二,马3进4,炮三进一,卒3进1,炮三平七,卒3进1,车八进三,卒3进1,车一平六,马4进5,车六进八,将5平4,车八平二,卒3平2,炮九进四,马5退7,相七进五,马7进6,帅五进一,红方优势。

②炮五平三,卒7进1,兵三进一,车8平7,炮九退一,马7退9,炮九平三,车7平6,前炮平四,车6平7,相七进五,红方先手。

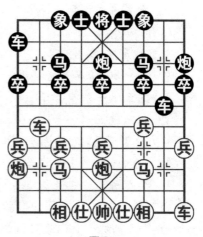

图3

如图3形势,红方有两种走法:车一平二和马三进四。现分述如下。

第一种走法:车一平二

8.车一平二　车8进5

黑方如改走车1平8,红方则车二进五,车8进3,车八平四,卒3进1,车四进二,炮5平4,兵五进一,士4进5,马七进五,炮4进1,车四进二,象3进5,兵五进一,卒5进1,车四退三,车8平6,马三进四,炮4平6,炮五退一,炮9平8,马三进五,炮6平5,炮九平五,卒5进1,马五退三,炮5进4,相七进五,马7进5,炮五进三,双方局势平稳。

9.马三退二　车1平4　　10.马二进三　车4进5

11.炮五平四　⋯⋯⋯⋯⋯

8

红方卸中炮,造成中路空虚,易被黑方利用。应以改走车八平七为宜。

11. …………	卒 5 进 1	12. 相七进五	马 7 进 5
13. 仕六进五	卒 5 进 1	14. 炮四进一	车 4 退 1
15. 兵七进一	车 4 退 1	16. 兵五进一	卒 7 进 1
17. 兵五进一	车 4 平 5	18. 马三进四	卒 7 进 1
19. 马四进五	车 5 退 1	20. 车八退一	卒 7 平 6
21. 炮四平五	士 6 进 5	22. 炮五进四	象 7 进 5

黑方先手。

第二种走法:马三进四

8. 马三进四 卒 3 进 1 　　9. 炮九退一 …………

红方退炮,准备右移助攻,是灵活的走法。

9. …………	车 1 平 8	10. 炮九平三	士 6 进 5
11. 车一进二	前车进 4	12. 炮三进五	前车平 6
13. 仕六进五	马 7 退 9	14. 炮五平四	炮 5 平 7
15. 相七进五	车 8 进 2	16. 兵七进一	象 7 进 5
17. 兵七进一	象 5 进 3	18. 马七进六	炮 7 退 1
19. 车八进二	卒 9 进 1	20. 车八平七	象 3 进 5

双方互缠。

第4局　　红平边炮对黑左车巡河

1. 炮二平五	马 8 进 7	2. 马二进三	车 9 平 8
3. 兵三进一	炮 8 平 9	4. 马八进七	炮 2 平 5
5. 车九平八	马 2 进 3	6. 炮八平九	车 8 进 4
7. 车一平二	车 8 进 5	8. 马三退二	卒 3 进 1

9. 马二进三(图 4) 　…………

如图 4 形势,黑方有两种走法:马 3 进 4 和车 1 进 2。现分述如下。

第一种走法:马 3 进 4

9. ………… 马 3 进 4 　　10. 车八进四 马 4 进 3

11. 车八进二 　…………

红方车巡河后,再探伸卒林,虽然耗费步伐,但却防止了黑方炮 5 平 3 侵扰的手段,边炮还可伺机打卒,可谓有失有得。

11. ………… 炮 9 退 1

12. 炮九进四　　车 1 进 2

13. 车八平七　　炮 9 平 6

黑方如改走马 3 进 5,红方则相七进五,炮 5 平 3,马七进六,炮 9 平 3,车七平八,也是红方主动。

14. 炮五退一　　马 3 退 4

黑方退马,试探红方应手。如改走炮 6 进 2,则车七退一,车 1 进 1,车七退二,车 1 平 3,车七进三,炮 6 平 3,马七进六,也是红方先手。

15. 车七退一　　车 1 进 1

16. 马七进八　　…………

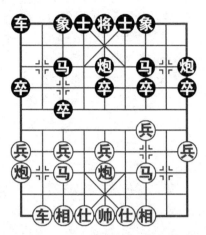

图 4

红方不平车吃马,而是进马捉双,是扩先取势的紧凑有力之着。如改走车七平六,则车 1 平 3,车六退三,卒 5 进 1,黑方有对攻之势。

16. …………　　象 3 进 1

黑方如改走车 1 进 3,红方则马八进六,也是红方占优势。

17. 车七平六　　车 1 平 2　　18. 车六进二　　炮 6 进 1

19. 车六退三　　…………

红方通过进车捉马的顿挫,使黑方肋炮别住了自己的马腿,是细腻的走法。

19. …………　　卒 5 进 1　　20. 车六平七　　车 2 平 4

21. 车七进二　　车 4 平 3　　22. 马八进七

红方优势。

第二种走法:车 1 进 2

9. …………　　车 1 进 2

黑方升边车,是新的尝试。

10. 兵九进一　　车 1 平 2　　11. 车八进七　　炮 5 平 2

12. 炮九进四　　炮 2 进 1　　13. 兵九进一　　象 7 进 5

14. 马三进四　　炮 9 进 4　　15. 马四进五　　马 7 进 5

16. 炮九平五　　士 6 进 5　　17. 前炮平七

红方易走。

10

第二节 红跃马河口变例

第5局 红跃马河口对黑挺3路卒(一)

1.炮二平五 马8进7 2.马二进三 车9平8

3.兵三进一 炮8平9 4.马八进七 炮2平5

5.车九平八 马2进3 6.马三进四 ··········

红方跃出三路马控制河口,是急攻型的走法。

6.·········· 卒3进1

黑方挺卒活马,是常见的走法。

7.炮八进四 ··········

红方伸炮过河,着法有力。如改走马四进三,则车8进6,炮五平三,车8平7,车一进二,车7退1,马三进一,象7进9,相三进五,车7进1,炮三进五,车7退4,炮八进五,车1平2,炮八平五,车2进9,马七退八,象3进5,兵七进一,卒3进1,相五进七,车7退4,马八进七,马3进4,兵一进一,卒1进1,仕六进五,象9进7,兵一进一,卒9进1,车一进三,双方均势。

7.·········· 车1平2

8.车一进一 车8进5(图5)

黑方进车骑河捉兵,是反击力较强的走法。如改走车8进4巡河,则比较稳健。

如图5形势,红方有四种走法:车一平四、炮五平三、车一平三和相三进一。现分述如下。

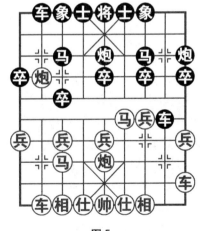

图5

第一种走法:车一平四

9.车一平四 ··········

红方弃兵,抢占要道。如改走炮八退二,则车8退3,仕六进五,车2进4,炮五平四,士6进5,相七进五,卒5进1,车一平三,马7进5,黑方易走。

9.·········· 车8平7

黑方如改走炮9进4,红方则马四退三,炮9平7,相三进一,车8进1,车四进六,马7退8,车四退二,炮5平7,兵五进一,红方优势。

10. 炮八平三　车 2 进 9　　11. 炮三进三　士 6 进 5

12. 炮三退五　车 2 平 3　　13. 炮三退二　炮 9 进 4

14. 车四平二

红方优势。

第二种走法：炮五平三

9. 炮五平三　·············

红方卸中炮，是创新的走法。

9. ············　车 8 平 7　　10. 炮八平三　马 7 退 5

11. 车八进九　马 3 退 2　　12. 车一平四　马 2 进 3

黑方进马，略嫌缓。应改走炮 9 进 4，这样比较紧凑。红方如接走相七进五，黑方则车 7 进 1，仕六进五，炮 8 平 5，黑方主动。

13. 相七进五　车 7 进 1　　14. 仕六进五　炮 9 进 4

此时炮打边兵，已时过境迁。如改走炮 5 平 6，则车四平二，马 5 进 6，车二进二，车 7 退 2，车二进二，车 7 进 2，双方不变作和。

15. 车四平二　炮 9 平 5　　16. 车二进七　前炮退 1

黑方如改走马 3 进 2，红方则车二平三，象 7 进 9，后炮平一，也是红方占优势。

17. 车二平三　车 7 平 6　　18. 前炮进三　马 5 退 7

19. 炮三进七　士 6 进 5　　20. 炮三平一　士 5 进 6

黑方上士，正着。如改走将 5 平 6，则车三进一，将 6 进 1，马四进三，后炮平 7，马七进五，红方胜势。

21. 马四进三　前炮退 1　　22. 马三进二　前炮平 9

23. 炮一平二　炮 9 进 5

黑方沉底炮，谋求对攻。如改走马 3 进 4，则车三进一，将 5 进 1，车三退四，马 4 进 3，炮二平七，红方胜势。

24. 车三进一　将 5 进 1　　25. 车三退七　马 3 进 4

26. 车三平一　·············

红方平车捉炮，好棋。如改走炮二平七，则将 5 平 4，马四进四，将 4 进 1，马四退五，将 4 平 5，车三平一，炮 9 平 8，车一进四，也是红方优势。

26. ············　马 4 进 3

黑方如改走炮 9 平 8，红方则炮二退九，车 6 平 8，马二退四，车 8 进 3，车一进一，红方胜势。

12

27. 车一退二　马3进1　　28. 马七退八 ⋯⋯⋯⋯⋯

红方弃还一子,延缓黑方攻势,是机警的走法。

28. ⋯⋯⋯⋯⋯　马1进2　　29. 炮二平七

对攻中红方优势。

第三种走法:车一平三

9. 车一平三　炮9进4

黑方应以改走卒7进1为宜。

10. 马四进三　车8进1　　11. 兵三进一　马3进4

12. 马三进五　象7进5　　13. 炮八进一　马7退8

14. 兵三平四　士4进5　　15. 炮五进四　马4进5

16. 马七进五　车8平5　　17. 车三平五　车5平6

黑方平车避兑,正着。

18. 车五平六　车6退2　　19. 仕六进五　车6退1

20. 车六进二

双方大体均势。

第四种走法:相三进一

9. 相三进一 ⋯⋯⋯⋯⋯

红方飞相保兵,嫌软。

9. ⋯⋯⋯⋯⋯　炮9进4　　10. 车一平六　车8进2

11. 相一退三　炮9进3　　12. 车六平四　车8进2

13. 炮八平三　车2进9　　14. 马七退八　炮5进4

15. 仕六进五　象7进5　　16. 车四进二　炮5退1

17. 马八进七　士6进5　　18. 车四平五　炮5平7

19. 炮五平四　象5进7　　20. 相七进五　炮7退2

21. 马四进三　车8退6　　22. 炮四平三　马3进4

23. 车五平四　象7退5

黑方优势。

第6局　红跃马河口对黑挺3路卒(二)

1. 炮二平五　马8进7　　2. 马二进三　车9平8

3. 兵三进一　炮8平9　　4. 马八进七　炮2平5

5. 车九平八　马2进3　　6. 马三进四　卒3进1

7. 炮八进四　　车1平2(图6)

如图6形势,红方有两种走法:马四进三和仕四进五。现分述如下。

第一种走法:马四进三

8. 马四进三　　车8进6

9. 兵三进一　　炮9进4

黑方如改走马3进4,红方则炮八进一,马4进6,兵三平四,马6进5,相三进五,车2进2,车八进七,炮5进4,马七进五,炮9平2,马五进三,红方易走。

10. 马三进五　　象7进5

11. 兵三进一　　马7退8

12. 仕四进五　　………………

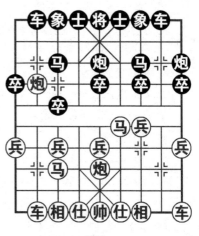

图6

红方亦可改走炮八退三,黑方如炮9退2,红方则兵七进一,车8退1,兵七进一,象5进3,炮五退一,象3退5,炮八进五,马8进6,兵三进一,马6进7,车一进二,车8平6,炮五平七,马3进4,仕六进五,车6退4,炮八退一,马7进6,兵五进一,红方优势。

12. ………………	士6进5	13. 炮八退三	炮9退2
14. 炮五平四	马3进4	15. 车一进四	车8平7
16. 相七进五	车7退3	17. 车一平六	马4退3
18. 兵七进一	车2进4	19. 炮八平六	卒3进1
20. 车六平七	车2平6	21. 车七平二	马8进7

黑方满意。

第二种走法:仕四进五

8. 仕四进五　　士4进5　　9. 炮五平三　　卒7进1

黑方弃卒,着法积极。

10. 炮八退二	车8进4	11. 相三进五	车2进3
12. 马四进三	车8进3	13. 车一平三	炮9进4
14. 兵三进一	炮5平4	15. 炮三进一	马3进4
16. 车三平一	炮9平5	17. 车一平四	车8退1
18. 马七进五	马4进5	19. 车四进三	马5退4

黑方易走。

第7局　红跃马河口对黑左车巡河

1.炮二平五　马8进7　　2.马二进三　车9平8

3.兵三进一　炮8平9　　4.马八进七　炮2平5

5.车九平八　马2进3　　6.马三进四　车8进4

黑方左车巡河,防止黑方右马受攻,是一种常见应法。

7.马四进三(图7)‥‥‥‥‥

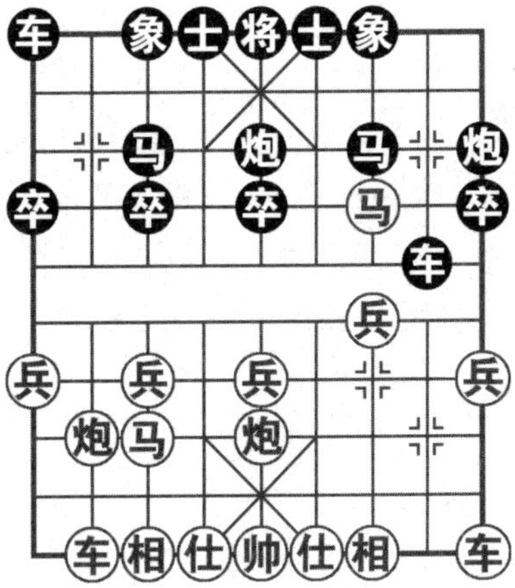

红方马踩7路卒,是简明有力的走法。

如图7形势下,黑方有三种走法:炮9退1、车8进2和卒3进1。现分述如下。

第一种走法:炮9退1

7.‥‥‥‥‥　炮9退1

黑方退炮,嫌软。

8.炮五平三　炮5平6

9.炮八进五‥‥‥‥‥

红方进炮邀兑,是抢先的走法。

9.‥‥‥‥‥　炮6平2

10.车八进七　车1进2

11.车八平九　象3进1　　12.车一进一　卒3进1

13.车一平四　车8进3　　14.马三退四‥‥‥‥‥

红方退马,是稳健的走法。

14.‥‥‥‥‥　马3进4　　15.马七退五‥‥‥‥‥

红方退马,佳着。

15.‥‥‥‥‥　炮9平5　　16.炮三进五　炮5进5

17.马五进四‥‥‥‥‥

红方应改走马五进六,黑方如接走炮5退1(如马4进3,则马四退三),红方则马六退四,马4进5,相七进五,红方多子胜定。

17.‥‥‥‥‥　车8平5　　18.仕四进五　车5平2

19.帅五平四　马4进6　　20.马四退三　车2退2

21.马三进二　马6退4　　22.车四进八　将5进1

23.兵七进一‥‥‥‥‥

红方挺兵拦车,精妙之着!

图7

23. ············· 　车2退3　　24.兵七进一　象1进3

25.炮三退一

红方优势。

第二种走法：车8进2

7. ············· 　车8进2　　8.兵七进一　车8平7

9.炮八进二　车1进1　　10.仕六进五　车1平6

11.炮五平四　炮9进4　　12.马三进五　象3进5

13.相三进五　车6平4　　14.炮四进五 ·············

红方进炮打马，扰乱黑方阵形，是力争主动的走法。

14. ············· 　马3退1　　15.炮八进五　马1退3

16.兵三进一　炮9退2　　17.车一平三　车7进3

18.相五退三　象5进7　　19.炮四退一　马7进6

20.车八进六　车4平3　　21.炮四平七　象7退5

22.相七进五　卒1进1　　23.炮七平一

红方多兵占优。

第三种走法：卒3进1

7. ············· 　卒3进1

黑方挺卒活马，正着。

8.炮五平三 ·············

红方卸炮是有力之着。这里，另有两种走法：

①车一进一，则车1进1，车一平三，炮9进4，兵三进一，车8进5，相三进一，炮5退1，车三进二，炮9平8，炮八进五，马3进4，车八进四，马4进3，车八平六，车1平2，车六进三，炮8退4，车六平三，马3进5，相七进五，炮8平2，前车进二，炮5平3，马七进八，士4进5，后车进一，车8退7，后车平五，卒3进1，车五平七，车8平4，仕四进五，炮2平3，车七平四，车2进3，兵三平二，车4进6，黑有攻势。

②炮八平九，车1进1，仕四进五，车8进2，车八进四，车1平6，兵七进一，车6进3，炮五平四，炮9进4，马三进五，象7进5，相三进五，马3进4，马七进六，车6平8，炮四平三，卒3进1，车八平七，前车平5，炮二平三，马7退8，车一平四，车5退1，车七退一，炮9退1，车七平一，卒9进1，黑方局势稍好。

8. ············· 　马7退8

黑方退马，调整阵形。

9.马三进四 炮9平6 10.兵三进一 车8进2

11.炮三进七 士6进5 12.车一进二 车1平2

13.车一平二 车8进1 14.炮八平二 车2进9

15.马七退八 马8进9 16.马八进七

红方稍优。

第8局 红跃马河口对黑高横车

1.炮二平五 马8进7 2.马二进三 车9平8

3.兵三进一 炮8平9 4.马八进七 炮2平5

5.车九平八 马2进3

6.马三进四 车1进1(图8)

黑方高横车,是较为少见的走法。

如图8形势,红方有两种走法:车一进一
和马四进六。现分述如下。

第一种走法:车一进一

7.车一进一 …………

红方高横车,迅速开动右翼主力。

7.………… 车1平4

黑方如改走卒3进1,红方则马四进三,
车8进6,兵三进一,炮9进4,炮八进一,炮5
退1,兵七进一,炮9平5,马七进五,炮5进

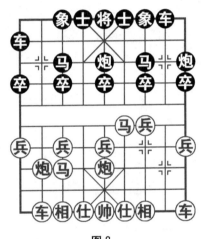

图8

5,仕六进五,车1平2,兵七进一,车2进4,兵七进一,马3退5,车一平三,车8
平6,车八进二,炮5平1,车八平七,炮2平3,炮七退一,炮1平5,相七进九,车
3退2,车三进三,红方优势。

8.马四进三 车8进6 9.炮五平四 …………

红方卸炮调整阵形,防止左马受攻。

9.………… 卒3进1 10.相七进五 炮9进4

11.炮八进一 车8进1

黑方进车捉炮交换,老练。如改走炮9平5,则炮八平五,炮5进4,马七进
五,车8平5,车一平二,红方兵种齐全,易走。

12.仕六进五 炮9平3 13.车一平三 车4进7

14.炮四退一 车4退3 15.炮四进一 卒3进1

17

16.炮八进四　·············

红方进炮邀兑,是细腻之着。如改走马三进五,则象 7 进 5,兵三进一,卒 3 平 2,兵三进一,马 7 退 5,炮八退二,马 3 进 4,黑方优势。

16.·············　炮 5 平 2　　17.车八进七　　象 7 进 5

18.兵三进一　马 3 进 4　　19.兵三平四　　马 4 进 2

黑方进马是漏着,被红方乘机兑马破象,是失利的症结所在。应改走马 7 退 8,黑方足可一战。

20.马三进五　象 3 进 5　　21.车三平六　　象 5 退 3

22.车三退一　士 4 进 5　　23.车三平五　　车 8 退 1

24.兵四进一　车 8 平 6　　25.兵四进一　　马 2 退 3

26.车八退四　车 4 退 3

黑方如改走车 6 退 4,红方则炮四平三,车 6 平 7,炮三进二,黑方难应。

27.车五退二　卒 3 平 4　　28.车五进二　　卒 4 平 3

29.马七退八　车 6 退 4　　30.相五进七

红方胜势。

第二种走法:马四进六

7.马四进六　············

红方进马捉马,嫌软。

7.············　车 1 平 3　　8.炮八进七　　卒 3 进 1

黑方挺卒兑马,正着。如改走车 8 进 8,则仕四进五,卒 9 进 1,炮五平三,卒 9 进 1,相三进五,马 7 进 9,炮三进四,红方优势。

9.马六进七　车 3 进 1　　10.炮八平九　　炮 5 平 4

黑方卸炮调整阵形,正着。

11.车八进四　象 7 进 5　　12.炮五平三　　车 8 进 6

黑方满意。

第三节　红高横车变例

第 9 局　　红高横车对黑左车巡河

1.炮二平五　马 8 进 7　　2.马二进三　　车 9 平 8

3.兵三进一　炮 8 平 9　　4.马八进七　　炮 2 平 5

5. 车九平八　马 2 进 3　　6. 车一进一　．．．．．．．．．．．．

红方高横车,稳步推进,另辟蹊径。

6. ．．．．．．．．．．　车 8 进 4(图 9)

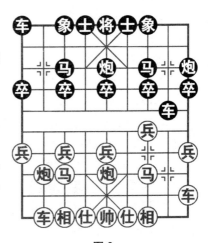

图 9

如图 9 形势,红方有两种走法:车一平四和炮八平九。现分述如下。

第一种走法:车一平四

7. 车一平四　卒 7 进 1

8. 车四进三　．．．．．．．．．．．．

红方升车巡河,正着。如改走车四进五,则卒 7 进 1,车四平三,车 8 退 2,车三退二,炮 9 退 1,红方无便宜可占。

8. ．．．．．．．．．　车 1 平 2

9. 炮八进四　．．．．．．．．．．．．

红方进炮封车,力争主动。

9. ．．．．．．．．．　卒 3 进 1　　10. 炮八平七　士 4 进 5

黑方如改走车 2 进 9,红方则炮七进三,士 4 进 5,马七退八,红方易走。

11. 车八进九　马 3 退 2　　12. 车四进二　．．．．．．．．．．．．

红方伸车,展开攻势。如改走兵七进一,则炮 5 平 3,红方无便宜可占。

12. ．．．．．．．．．　卒 7 进 1　　13. 车四平三　车 8 退 2

14. 车三退二　马 7 进 6

黑方如改走炮 9 退 1,红方则炮七平一,炮 9 平 7,炮一平三,红方主动。

15. 马三进四　．．．．．．．．．．．．

红方进马取势,是保持主动的有力之着。

15. ．．．．．．．．．．　车 8 平 7

黑方如改走马 6 进 4,红方则炮五平三,黑方难以应对红方的攻势。

16. 车三进三　马 6 退 7　　17. 相七进九　炮 9 进 4

18. 兵七进一　卒 3 进 1　　19. 相九进七　象 3 进 1

黑方应改走炮 5 平 3 牵制红方左翼,较为积极。

20. 炮五平三　马 7 进 6　　21. 马四进二　马 6 进 8

22. 炮三进三　士 5 进 6　　23. 相七退五　马 2 进 4

黑方跳马捉炮,不如改走炮 9 平 8 捉马,再炮 8 进 1,这样要比实战走法好。

24. 炮七退二

红方子力灵活,易走。

第二种走法:炮八平九

7. 炮八平九 …………

红方平炮,亮车。

7. ………… 卒7进1 　　8. 车八进四　车1平2

9. 车八进五　马3退2 　　10. 车一平八　马2进3

黑方如改走卒7进1,红方则车八进八,卒7进1,车八退五(如马三退五,则炮9进4,黑方有攻势),卒7进1,车八平三,红方易走。

11. 兵三进一　车8平7 　　12. 炮五退一　马7进8

13. 炮五平三　马8进7 　　14. 兵七进一　炮5平7

15. 相七进五　象7进5 　　16. 马七进八　炮7退2

17. 马八进七　炮9平7

双方大体均势。

第四节　红急进河口马变例

第10局　红急进河口马对黑进右马

1. 炮二平五　马8进7 　　2. 马二进三　车9平8

3. 兵三进一　炮8平9 　　4. 马八进七　炮2平5

5. 马三进四 …………

红方进马,是急攻型的走法。

5. ………… 马2进3

黑方进马,开动右翼子力。

6. 马四进六(图10) …………

如图10形势,黑方有三种走法:马7退5、车1进2和炮5退1。现分述如下。

第一种走法:马7退5

6. ………… 马7退5

7. 马六进八　炮9退1

8. 车九进一　马3退1

黑方退马邀兑,势在必行。

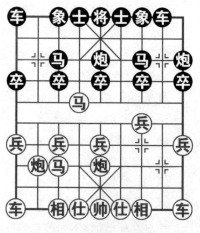

图10

9.马八进九　车1进1　　10.炮五进四　车1平4

11.车一进二　车4进2　　12.炮五退二　车4平5

13.炮五进三　象7进5　　14.车九平四　马5进3

15.车四进七　炮9进1　　16.兵七进一　士6进5

17.仕六进五　炮9平6　　18.车四平一　卒7进1

19.兵三进一　象5进7　　20.后车平二　车8平7

21.相七进五　象7退5　　22.车二进一　卒3进1

23.兵七进一　象5进3

红方易走。

第二种走法:车1进2

6.…………　车1进2

黑方高车保马,另辟蹊径。

7.马六进八　车8进1

黑方高左车,是改进后的走法。以往走法是将5进1,炮八退一,炮9退1,车一进一,车8进4,车九进二,卒7进1,车一平三,炮9平7,车三平四,卒7进1,车四进八,红方优势。

8.车一平二　…………

红方乘机抢出右车,着法紧凑有力。

8.…………　车8退4　　9.兵七进一　马3退1

10.车二进六　…………

红方伸车卒林,准备平车压马,是力争主动的走法。

10.…………　炮9进4　　11.车九进一　…………

红方起横车,争取对攻速度,是灵活有力的走法。

11.…………　卒3进1　　12.车九平一　炮9平1

黑方如改走炮9退2,红方则车二平三,炮5退1,马七进六,也是红方易走。

13.车二平三　炮5退1　　14.炮五平三　…………

红方卸炮,威胁黑方左翼,攻击点准确。

14.…………　炮5平7

黑方应以改走车1平3为宜。

15.车三平四　…………

红方平车,是创新的着法。如改走车三进一,则车1平7,炮三进五,马1进2,炮三进二,士6进5,兵七进一,车4进5,双方变化复杂,各有顾忌。

21

15.………… 车 1 平 3 　　16.马八进九　炮 1 退 5

17.兵七进一　车 4 进 1

黑方进车保马,出于无奈。如改走车 3 进 2,则炮三进五,车 3 进 3,炮三进二,士 6 进 5,车一进五,车 3 平 2,车一进三,黑方难应。

18.车四进二　士 6 进 5　　19.炮八进六　炮 7 进 4

20.相三进五　炮 7 退 1　　21.车四退二　车 3 进 2

22.炮八退七　车 3 平 4　　23.车四平三　马 7 退 6

黑方如改走炮 1 进 1,红方则炮八平二,也是红方优势。

24.车三进三

红方优势。

第三种走法:炮 5 退 1

6.………… 　炮 5 退 1

黑方退炮保马,是一种尝试。

7.炮八进五　卒 3 进 1　　8.马六进四　马 3 进 4

9.马四进三　炮 5 平 6　　10.马三退一　象 7 进 9

11.车一进一　马 4 进 6　　12.车九平八　卒 7 进 1

13.兵三进一　象 9 进 7　　14.车八进四　马 6 进 5

15.相七进五　车 1 进 2　　16.车一平六　炮 6 平 2

17.车八平六　士 6 进 5　　18.炮八退二　象 7 退 5

19.后车平三　车 8 平 7　　20.车三进五

红方形势稍好。

第 11 局　　黑补架中炮对红跃马河口

1.炮二平五　马 8 进 7　　2.马二进三　车 9 平 8

3.兵三进一　炮 8 平 9　　4.马八进七　炮 2 平 5

5.马三进四(图 11)　………

如图 11 形势,黑方有四种走法:卒 3 进 1、车 8 进 4、车 1 进 1 和车 1 进 2。现分述如下。

第一种走法:卒 3 进 1

5.………… 　卒 3 进 1　　6.炮八进六　………

红方进炮压马,牵制黑方子力。

6.………… 　车 1 进 2　　7.车九平八　车 1 平 4

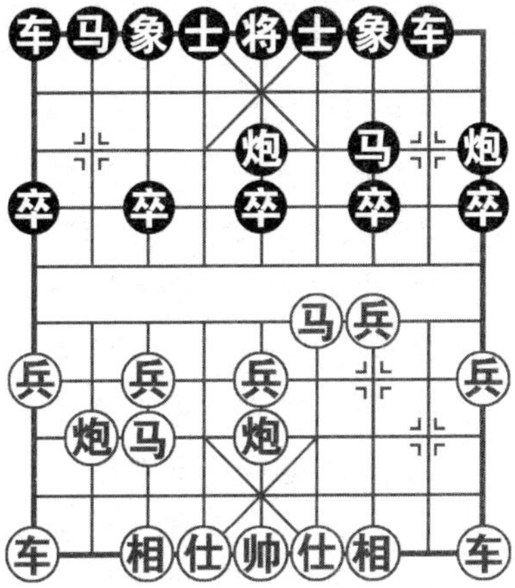

8. 仕六进五　　士6进5

9. 车八进六　　车4进6

10. 马四进五　　马7退6

11. 炮八平九　　马2进3

12. 炮九进一　　车8进7

13. 车八进三　　马3退1

14. 相七进九　　车4平3

15. 马五退六　　炮5进5

16. 相三进五　　马6进5

17. 兵三进一　　马5进4

18. 兵三进一　　马4进6

19. 车一平三　　马6进5

20. 兵三平四　　象7进5

21. 车八退一　　炮9进4　　22. 兵四平五　　象5进7

23. 车八平九　　车3平4　　24. 马六退五　　车8平5

25. 车九平七

图 11

红方抢攻在前。

第二种走法：车8进4

5. ………………　车8进4

黑方高车巡河，是稳健的走法。

6. 马四进三　　马2进3　　7. 炮五平三　　车1平2

8. 车九平八　　马7退8

黑方如改走马7退9，红方则炮八进四，卒3进1，相七进五，炮5平7，车一进一，象3进5，兵一进一，车2进1，炮三平一，炮9平8，炮一进四，炮7退1，兵一进一，车8进3，车一进一，车8进1，车一平四，炮8平7，仕四进五，后炮进2，炮八平三，车2进8，马七退八，车8退5，车四进四，士6进5，兵五进一，马3进4，车四平五，马4进6，车五平四，车8平7，车四退二，红方多兵占优。

9. 炮八进六　　卒3进1　　10. 相七进五　　炮5平7

11. 车一进一　　车8进3　　12. 车一进一　　车8平9

黑方如改走车8进1，红方则马三进一，炮7进5，车一平三，红方易走。

13. 相三进一　　炮9进4　　14. 兵七进一　　卒3进1

15. 相五进七　　炮9退1

23

黑方应改走马8进9为宜。

16.兵三进一　象7进5　　17.马七进六　··········

红方跃马弃相,是抢先之着。

17.··········　象5进7

黑方如改走炮9平3,红方则马六进四,红方占优势。

18.马六进四　士4进5　　19.兵五进一　象3进5

20.炮八退一　士5进4　　21.炮三平五　士4退5

22.马四进六　士5进4　　23.兵五进一　卒5进1

24.马三退五　士6进5　　25.炮五平七　车2平3

26.炮八平九　车3平2　　27.车八进九　马3退2

28.炮九进二　士5退4　　29.炮七平八

红方优势。

第三种走法:车1进1

5.··········　车1进1　　6.车九进一　马2进3

黑方如改走车1平6,红方则马四进三,马2进3,兵三进一,车6进2,车一进一,炮5平6,马三进一,象7进9,车一平三,象9进7,车三进四,马7退9,车九平三,车8进5,前车进三,马9进8,前车平七,马3退5,车七平六,炮6退1,车六退一,车8平7,车三进五,马8进7,仕六进五,红方优势。

7.车一进二　车8进5　　8.炮八进二　车1平6

9.兵七进一　车8退1　　10.炮五平四　车6平4

11.相七进五　卒5进1　　12.车九平三　马7进5

13.马四进三　炮9平7　　14.炮四平三　卒3进1

15.马三进五　炮7平5　　16.车一平三　象7进5

17.兵七进一　车4进6　　18.兵七进一　车4平3

19.炮八平七　车8进2　　20.前车进一　车8平7

21.车三进二　车3退1　　22.兵七进一　卒5进1

23.车三平二　卒5平4

双方大体相当。

第四种走法:车1进2

5.··········　车1进2

黑方高边车,另辟蹊径。

6.车一进一　车1平4　　7.车九进一　车8进4

8. 马四进三　··········

红方进马踩卒,先得实惠。亦可改走车九平六,黑方如接走车 4 进 6,红方则车一平六,车 8 平 6,车六进三,红方先手。

8.　··········　车 8 平 3	9. 炮五平三　车 3 进 2
10. 相七进五　炮 5 进 4	11. 马七进五　车 3 平 5
12. 车九平六　炮 9 平 8	13. 马三退二　车 4 平 6
14. 车六进七　士 6 进 5	

黑方补士,着法含蓄有力。

15. 车六平八　马 7 进 8	16. 炮三进七　炮 8 进 3
17. 车一平二　炮 8 进 1	18. 炮八进七　将 5 平 6
19. 仕四进五　车 5 平 4	20. 车二进二　车 4 平 8
21. 车八平五　马 8 进 6	22. 车五平六　车 8 平 4
23. 车六平八　车 6 退 1	

黑方满意。

小结: 红进三路兵变例中,列举了四种走法:

红方第 6 回合炮八平九平炮亮车是较为简明的走法,黑方有卒 3 进 1、车 1 进 1、车 8 进 4 等应法,红方可持先行之利。

红方第 6 回合马三进四急进右马控制河口,黑方车 8 进 4 左车巡河,针对性不强,实战效果欠佳,黑方卒 3 进 1 挺卒活马,应法灵活,可望与红方对抗。

红方第 6 回合车一进一高横车,稳步推进,另辟蹊径。

红方第 5 回合马三进四急进右马,是 2003 年全国象棋比赛中出现的新战术,近年来又有了新的发展。实战表明,这种应法红方机会较多。

第二章　红进七路兵类

第一节　黑进车骑河捉兵变例

第12局　黑进车骑河捉兵对红进中兵(一)

1.炮二平五　马8进7　　2.马二进三　车9平8

3.兵七进一　炮8平9　　4.马八进七　车8进5

黑方进车骑河兵,是力争主动的走法。

5.兵五进一　…………

至此,形成中炮进七路兵七路马对三步虎的阵形。红方挺中兵拦车,属于急攻型的走法。

5.…………　炮2平5

黑方补架中炮,是针锋相对的走法。

6.马七进五　…………

红方左马盘中,准备发动盘头马攻势,是势在必行之着。

6.…………　马2进3　　7.炮八平七　…………

红方平炮瞄马,正着。

7.…………　车1平2

黑方抢先出动右车,放任红方兵过河,使双方局势立趋紧张激烈,是创新的走法。

8.兵七进一　卒7进1

黑方冲7路卒,意在尽快破坏红方的连环马。

9.兵七进一　马3退5

黑方退马窝心,是改进后的走法。

10.兵三进一　车8退1　　11.炮七退一　…………

红方退七路炮,伏有平三和平五助攻的手段,是机动灵活的走法。如改走兵五进一,则卒5进1,马五进七,炮5进5,相七进五,卒7进1,马七进八,车2进2,炮七平八,车2平4,车九平七,炮9退1,车一进一,卒5进1,兵七进一,车4

26

平 3,车一平六,车 8 平 2,马八进六,车 3 平 4,车六进六,车 2 进 3,黑方占优势。

11.…………　马 7 进 6　　12.兵五进一　马 6 进 5

13.马三进五(图 12)…………

如图 12 形势,黑方有三种走法:车 2 进 6、炮 5 进 2 和卒 7 进 1。现分述如下。

第一种走法:车 2 进 6

13.…………　　车 2 进 6

14.炮七平五　炮 5 进 2

黑方如改走车 2 平 4,红方则马五进六,炮 5 进 2,后炮进四,卒 5 进 1,马六进八,象 7 进 5,马八进七,车 4 退 5,马七退六,马 5 退 7,兵三进一,车 8 平 7,车九进一,车 7 进 2,车一进一,马 7 进 8,车一平三,车 7 平 3,车九平七,车 3 进 2,车三平七,红方易走。

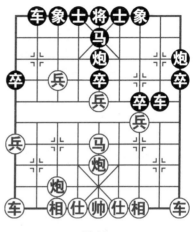

图 12

15.前炮进三　卒 5 进 1　　16.马五进七　炮 9 平 5

17.兵三进一　车 8 退 3

黑方退车防守,是无奈之着。如改走车 8 平 7 吃兵,则马七进六,黑方要丢车。

18.相三进五　马 5 进 7　　19.兵三进一　马 7 退 8

黑方如改走马 7 进 5,红方则兵三平四,马 5 进 3,兵四进一,炮 5 退 1,车一平三,红方大占优势。

20.车一平三　士 4 进 5　　21.车九进二　车 2 平 4

22.车九平六　…………

红方平车邀兑,不给黑方一丝对攻之机,是稳健的走法。

22.…………　　车 4 进 1　　23.马七退六　车 8 进 5

24.马六进七　车 8 平 3　　25.车三进四　卒 5 进 1

26.车三平五

红方大占优势。

第二种走法:炮 5 进 2

13.…………　　炮 5 进 2　　14.炮五进三　…………

红方兑炮,是简明的走法。如改走炮七平五,则炮 9 平 5,前炮进三,卒 5 进 1,马五进七,炮 5 进 6,马七进五,车 2 进 2,仕六进五,和势。

27

14.………… 卒5进1　　15.马五进七　卒7进1

黑方如改走车2进5,红方则马七进八,炮9退1,车九进二,车8退1,车九平七,卒7进1,车一进二,红方优势。

16.炮七平五　象7进5　　17.相三进五　马5退7

18.车一平三　车2进6　　19.车三进四　士6进5

20.车九进一　车2平6　　21.马七进五　车6进1

22.炮五平七　车8平5　　23.车三进五　车6退7

双方大体均势。

第三种走法:卒7进1

13.………… 卒7进1　　14.炮七平五　炮5进2

15.前炮进三　卒5进1　　16.马五进七　象7进5

17.马七进六　马5退7　　18.车九进二　车2进1

19.车一进二　…………

红方"霸王车",是取势要着。

19.………… 卒7平6　　20.车一平二　车8进3

21.车九平二　卒5进1　　22.车二进四　士4进5

23.车二平一　炮9退1　　24.兵七平八　士5进4

25.马六退七

红方优势。

第13局　黑进车骑河捉兵对红进中兵(二)

1.炮二平五　马8进7　　2.马二进三　车9平8

3.兵七进一　炮8平9　　4.马八进七　车8进5

5.兵五进一　炮2平5　　6.马七进五　马2进3

7.炮八平七　车1平2　　8.兵七进一　卒7进1

9.兵七进一　马3退5(图13)

如图13形势,红方有两种走法:车一进一和炮五退一。现分述如下。

第一种走法:车一进一

10.车一进一　车2进6

黑方如改走马7进6,红方则车一平六,马6进5,马三进五,炮5进3,仕六进五,炮9进4,炮五进二,车8平5,帅五平六,象3进5,车九平八,车1平2,炮七平八,马5进7,炮八进七,车1平2,车八进九,士6进5,马五退三,炮9平8,

28

兵七平六,红方多子占优。

11.车一平六　马7进6

12.仕六进五　马5进7

13.炮七进七　士4进5

14.车九进二　马6进5

15.马三进五　马7进6

16.马五进七　车2退6

17.炮七退二　炮9平3

18.兵七进一　车8平5

19.车九平七　车5平4

20.车六进三　马6进4

21.车七进一　炮5进5

22.相三进五　马4退6

23.兵七进一

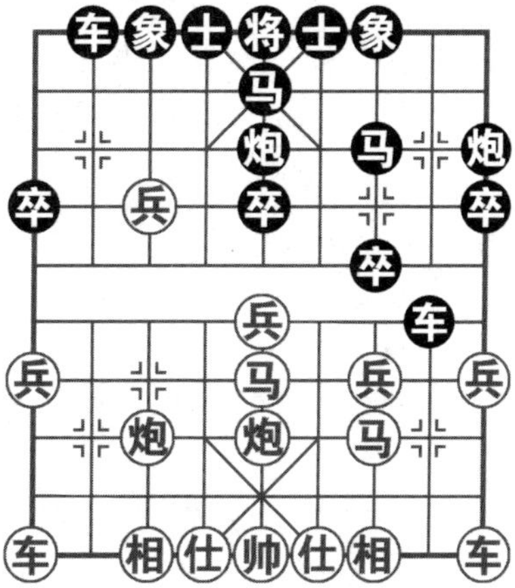

红方优势。

第二种走法:炮五退一

10.炮五退一　…………

红方退炮,另辟蹊径。

图13

10.…………　车2进6

11.相七进五　炮5进3

12.兵三进一　车8退1

13.马五进七　炮5进3

14.仕六进五　卒7进1

15.车九平六　马5进6

16.车一进一　车8平2

17.马三进五　马7进8

18.马五进六　前车进3

19.炮七退二　卒5进1

20.马六进八　士6进5

21.车一平四　象3进5

22.车六进六　炮9平6

23.车四进五　马8退6

24.车六平四

红方优势。

第14局　黑进车骑河捉兵对红进中兵(三)

1.炮二平五　马8进7　2.马二进三　车9平8

3.兵七进一　炮8平9　4.马八进七　车8进5

5.兵五进一　炮2平5　6.马七进五　马2进3

29

7. 炮八平七　　车1平2　　8. 兵七进一　　卒7进1

9. 兵七进一　　马3退1

黑方退边马,预防红方马五进七再马七进八奔槽的手段。

10. 兵三进一　　车8退1　　11. 炮七退一　　马7进6

12. 兵三进一　　…………

红方兑兵是改进后的走法。

12. …………　　车8平7　　13. 炮七平三　　车7平8

黑方如改走马6进7,红方则车九进一,车2进6,车一平二,车2平4,车二进六,卒5进1,兵五进一,炮5进4,马三进五,马7进5,相三进五,炮9平5,兵五平四,车7平6,炮三平五,车6进4,车九进一,士6进5,车二进三,将5平6,车二平三,将6进1,马五退三,红方优势。

14. 兵五进一　　…………

红方如改走炮三进八,黑方则士6进5,马三进四,车8退4,炮三退八,车2进6,兵五进一,马6进8,马四进六,马8进6,车九进一,炮5进2,车一进二,炮9平7,车一平三,炮7进6,车三平四,炮7退4,车四进一,炮7平4,黑方多子占优。

14. …………　　马6进5　　15. 兵五进一　　…………

红方置兑中马于不顾,而冲兵直攻黑方中路,是弃子争先的积极战法。如改走马三进五,则局势立趋平稳。

15. …………　　马5进7　　16. 兵五进一　　马7退5

黑方退中马,是必然之着。如改走士6进5,则兵五进一,将5进1,车一进二,红方少子、占势,易走。

17. 兵五平四(图14)　　…………

如图14形势,黑方有两种走法:士6进5和士4进5。现分述如下。

第一种走法:士6进5

17. …………　　士6进5

18. 兵九进一　　…………

红方挺边兵,准备攻击黑方中马,是紧凑有力的走法。

18. …………　　车2进8

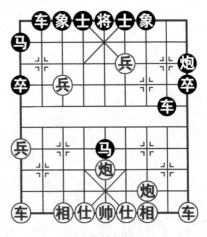

图14

30

黑方如改走车2进6,红方则炮三进二,车2退2,车九进三捉死马。

19.车九进三	车2平7	20.车九平五	象7进5
21.兵四平五	象3进5	22.车五进四	炮9平6
23.车一进二	车7退4	24.炮五进六	…………

红方炮轰中士,是取势要着。

24.…………	士4进5	25.车五进一	将5平6
26.车一平五	马1退3	27.前车进一	将6进1
28.前车平七	车7平5	29.车七退一	将6退1
30.车七平五			

红方胜势。

第二种走法:士4进5

17.…………	士4进5	18.车一进二	车8平6

黑方可改走将5平4,这样较为顽强。

19.车一平三	象7进5	20.车三进一	车2进6

黑方如改走马5退3,红方则车三平七,马3退5,兵四平五,红方弃子占势,易走。

21.兵四平五	象3进5	22.车九进二	车6平4
23.炮五进五	将5平4	24.仕四进五	炮9平6
25.炮三平二	…………		

红方平炮,既伏沉底作攻的凶着,又可炮二进二拴链黑方车、马,令黑方防不胜防。

25.…………	车2平4	26.车九平八	

红方弃子有攻势,占优。

第15局　黑进车骑河捉兵对红进中兵(四)

1.炮二平五	马8进7	2.马二进三	车9平8
3.兵七进一	炮8平9	4.马八进七	车8进5
5.兵五进一	炮2平5	6.马七进五	马2进3
7.炮八平七	车1平2	8.兵七进一	卒7进1
9.兵七进一	马3退1	10.兵三进一	车8退1
11.炮七退一	马7进6	12.兵三进一	车8平7
13.炮七平三	车7平8	14.兵五进一	马6进5

15.炮三进八 ⋯⋯⋯⋯⋯

红方以炮打象,略嫌急躁。

15.⋯⋯⋯⋯⋯ 士6进5

16.马三进五 炮5进2(图15)

如图15形势,红方有两种走法:炮三退八和仕六进五。现分述如下。

第一种走法:炮三退八

17.炮三退八 ⋯⋯⋯⋯⋯

红方退炮,准备策应中路。如误走炮五进三,则车8平5,黑方得子。

17.⋯⋯⋯⋯⋯ 车8进2

18.炮三平五 炮5平9

19.相三进一 前炮平1

黑方巡河炮声东击西,是灵活有力之着。

20.前炮进四 ⋯⋯⋯⋯⋯

红方如改走相七进九,黑方则炮9进4,前炮进四,将5平6,车一平三,炮9平5,绝杀,黑胜。

20.⋯⋯⋯⋯⋯ 炮9平5

黑方补架中炮,是扩先的紧要之着。

21.车一平三 将5平6 22.马五进六 炮1进5

黑方多子,大占优势。

第二种走法:仕六进五

17.仕六进五 ⋯⋯⋯⋯⋯

红方补仕,巩固阵形,是改进后的走法。

17.⋯⋯⋯⋯⋯ 车2进6

黑方进车捉马,是力争主动的有力之着。

18.马五进七 炮5进1 19.炮五进一 ⋯⋯⋯⋯⋯

红方如改走马七进六,黑方则车8平4,车一平二,炮9平4,相七进九,车2平4,黑胜。

19.⋯⋯⋯⋯⋯ 炮5平4 20.炮五进一 车8进1

21.马七进六 炮4退1 22.相七进五 ⋯⋯⋯⋯⋯

红方应改走炮五退二为宜。

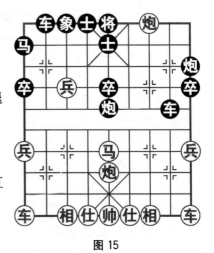

图15

22. ………… 车8平5 23. 车一平二 车5平6

24. 炮三退一 士5进4 25. 车二进九 将5进1

26. 车二退三 将5平6 27. 车二平五 炮9进4

28. 车五退一 炮9平5 29. 车五平四 车6退1

30. 马六退四 炮5退5

黑方多子,大占优势。

第16局 黑进车骑河捉兵对红进中兵(五)

1. 炮二平五 马8进7 2. 马二进三 车9平8

3. 兵七进一 炮8平9 4. 马八进七 车8进5

5. 兵五进一 炮2平5 6. 马七进五 马2进3

7. 炮八平七 车1平2 8. 兵七进一 卒7进1

9. 兵七进一 马3退1

10. 兵三进一 车8退1

11. 炮七退一 马7进6(图16)

如图16形势,红方有两种走法:炮七平五和兵五进一。现分述如下。

第一种走法:炮七平五

12. 炮七平五 车2进6

13. 兵五进一 马6进5

14. 马三进五 士6进5

15. 马五进七 卒5进1

16. 兵三进一 车8平7

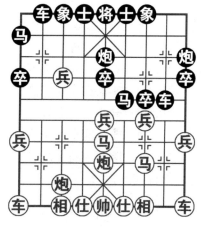

图16

对局至此,红方虽有一过河兵,但双车晚出,也有其弱点。

17. 车九进二 车2平6 18. 前炮进五 将5平6

19. 相三进五 象3进5 20. 炮五进四 车6退3

21. 兵七平六 马1进2

黑方进马邀兑,是简化局势的巧着。

22. 马七进八 车7平5 23. 马八退七 车5平4

24. 仕四进五 车4退1

黑方弃车换马、兵,形成车炮双卒士象全对双车双兵的不利局面,是失利的症结所在。应以改走卒9进1伺机消灭红方边兵为宜。

25.马七进六　车6平4　　26.车一平四　将6平5

27.车四进三　…………

红车守住兵线要道,是取势的紧要之着。

27.…………　车4平7　　28.车九平八　炮9平6

29.车八进三

红方多子占优。

第二种走法:兵五进一

12.兵五进一　…………

红方冲中兵,试图打开局面。

12.…………　马6进5　　13.马三进五　炮5进2

14.炮五进三　卒5进1　　15.马五进七　士4进5

黑方补士,是稳健之着。如改走卒7进1,则马七进六,士6进5,马六进七,将5平6,炮七平四,红方有攻势。

16.马七进六　炮9平4　　17.兵三进一　车8平7

18.炮七平五　象3进5　　19.相七进五　车7退1

黑方弃中卒而退车牵制红方马、兵,是大局感极强的走法。

20.车一平二　车2进6　　21.车九平七　车7平6

22.炮五进四　车6平5　　23.车二进五　马1退3

24.马六退五　马3进2

黑可抗衡。

第17局　黑进车骑河捉兵对红进中兵(六)

1.炮二平五　马8进7　　2.马二进三　车9平8

3.兵七进一　炮8平9　　4.马八进七　车8进5

5.兵五进一　炮2平5　　6.马七进五　马2进3

7.炮八平七　车1平2　　8.兵七进一　车2进6

9.兵七进一　马3退5(图17)

这里,黑方也可改走马3退1,以下红方有两种走法:

①车一进一,卒5进1,炮七进二,车8退2,炮七平九,卒7进1,炮九进四,卒5进1,马五进七,车8平3,马七进五,车3平5,车一平七,炮5进2,车七进八,象7进5,车七退五,炮5进3,相七进五,马7进6,车九平七,炮9平7,仕六

34

进五,马6进7,前车进二,车5平3,车七进六,士4进5,黑方多卒易走。

②炮七进二,车8退4,车一进一,卒7进1,车一平四,炮9进4,兵三进一,车8进5,兵三进一,炮9平5,马三进五,车8平5,兵三进一,炮5进3,仕六进五,车5平3,炮七平六,车2退1,炮六退二,马7退5,帅五平六,车3退3,车四进二,马5进3,车四平五,炮5进2,相三进五,士4进5,兵九进一,车3进1,车九进三,象3进5,帅六平五,马1进2,车五平六,马2进4,兵三进一,卒5进1,黑方多子占优。

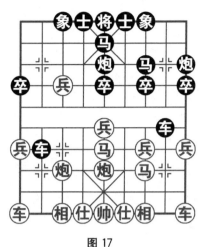

图 17

如图17形势,红方有三种走法:炮七退一、炮五退一和车一进一。现分述如下。

第一种走法:炮七退一

10.炮七退一 ⋯⋯⋯⋯⋯⋯

红方退炮,是灵活的走法。

10.⋯⋯⋯⋯⋯⋯ 车2平3

黑方如改走卒7进1,红方则兵三进一,车8退1,炮七平五,马7进6,兵五进一,马6进5,马三进五,卒7进1,马五进七,马5进7,兵五进一,炮5进5,相三进五,士6进5,相五进三,马7进5,炮七平六,车8平3,车一平三,炮9平5,兵六平五,炮5进6,马七退六,车2平5,仕六进五,车5退3,相三退五,红方多子占优。

11.车一进一	卒7进1	12.兵三进一	车8退1
13.兵三进一	车8平7	14.炮七平三	车7平8
15.兵七平六	车3平4	16.兵六平五	马7进5
17.兵五进一	炮5进2	18.炮五进三	车8平5
19.炮三平五	车5平7	20.炮五进五	马5进3
21.车一平五	马3进5	22.马五进四	车7平6
23.车五进五	炮9平5	24.仕四进五	车6平7
25.车九进二	士4进5	26.车九平四	车4平7
27.马三退四			

黑方优势。

第二种走法:炮五退一

10.炮五退一　　卒7进1

黑方如改走车2平3,红方则相七进九,卒7进1,炮七平五,马7进6,兵三进一,车8退1,车九平七,车3进3,相九退七,马6进4,车一平二,车8进5,马三退二,炮9平7,相三进一,炮7进1,马五退三,马4进5,相七进五,卒7进1,相一进三,炮7平3,马二进四,马5进7,马三进五,炮5进3,马四进三,炮5退1,马五退七,炮5进4,仕六进五,黑方残局易走。

11.相七进五　　　‥‥‥‥‥‥

红方如改走兵三进一,黑方则车8退1,相七进五,马7进6,兵五进一,马6进5,马三进五,车2平4,兵三进一,车8平7,兵五平四,车7平8,马五进三,车4平3,车九平七,车3退3,兵四进一,车8平7,炮五进五,象3进1,仕六进五,炮9平7,车一平二,炮7进3,相五进三,车7进1,相三进五,车7平5,炮七平八,车3平2,车七进二,红方优势。

11.‥‥‥‥‥‥	马7进6	12.马五进七	马6进4
13.炮七平六	炮5进3	14.兵三进一	车8平7
15.车九平七	炮5进3	16.相五进三	炮5退4
17.车一进一	马5进6	18.相三退一	炮9平7
19.马三进四	车2平5	20.车一平五	马4进6
21.炮六平四	炮7进7	22.相一退三	后马进7
23.车七进二	车5进1	24.马四退六	炮5进2

黑胜。

第三种走法:车一进一

10.车一进一　　　‥‥‥‥‥‥

红方高横车,准备攻击黑方右翼,是改进后的走法。

10.‥‥‥‥‥‥　　卒7进1　　11.车一平六　　车2平3

黑方如改走马7进6,红方则仕六进五,马6进5,马三进五,马5进7,炮七进七,士4进5,马五进七,炮9进4,马七进八,炮5平2,炮五平九,车2平1,兵七进一,红方胜势。

12.仕六进五　　车3退3　　13.相七进九　　车3进3

14.车九平七　　炮5平3

黑方如改走马7进6,红方则车七平六,马5进3,炮七进五,士6进5,炮七

36

平一,马6进5,马三进五,红方得子。

15.兵五进一

红方大占优势。

第18局　黑进车骑河捉兵对红进中兵(七)

1.炮二平五　马8进7　2.马二进三　车9平8

3.兵七进一　炮8平9　4.马八进七　车8进5

5.兵五进一　炮2平5　6.马七进五　马2进3

7.炮八平七　车8退1(图18)

黑方退车,实战效果欠佳。

如图18形势,红方有两种走法:车九进
一和车九平八。现分述如下。

第一种走法:车九进一

8.车九进一　车8平2

黑方应以改走车1平2为宜。

9.兵三进一　卒3进1

10.车九平六　车1进2

11.车一平二　卒3进1

12.马五进七　车2平4

黑方此车耗费的步数过多,导致布局
失先。

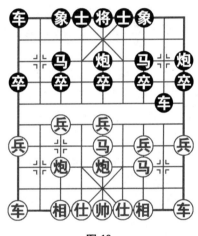

图18

13.车六进四　马3进4　14.车二进三　‥‥‥‥‥‥

红方高车控制要道,是攻守两利之着。

14.‥‥‥‥‥　士4进5　15.仕四进五　车1平4

黑方应改走炮5平3兑炮,这样要比实战走法好。

16.相七进九　炮5进3

黑方如改走象3进1,红方则车二平六,马4退2,车六进四,马2退4,马七
进六,也是红方优势。

17.炮七进七　将5平4　18.炮七退三　卒5进1

19.车二平八　马4进2　20.炮七平六　将4平5

21.马七进五　‥‥‥‥‥‥

红方马踏中卒,简明有力! 是迅速入局取势的巧妙手段。

21. ·········· 车 4 平 2

黑方如改走车 4 进 1,红方则车八进一,黑方丢炮。

22. 车八平七 马 7 进 5 23. 车七进六 士 5 退 4

24. 车七退五 马 2 进 1 25. 车七平五

红方大占优势。

第二种走法:车九平八

8. 车九平八 ··········

红方如改走车一平二,黑方则车 8 进 5,马三退二,卒 5 进 1,马二进三,炮 5 进 3,炮五进二,卒 5 进 1,炮七平五,马 7 进 5,炮五进二,炮 9 平 5,和势。

8. ·········· 卒 3 进 1

黑方卒 3 进 1,是求变之着。如改走车 1 平 2,红方则车八进九,马 3 退 2,黑可抗衡。

9. 兵七进一 车 8 平 3 10. 炮七进五 车 3 退 2

11. 车一平二 卒 7 进 1 12. 车八进五 ··········

红方车骑河捉卒,是紧凑有力之着。

12. ·········· 车 3 进 7 13. 车二进八 车 1 进 2

14. 车八平三 炮 5 退 1 15. 车二平三 车 1 平 4

16. 仕四进五 车 3 退 7 17. 兵五进一 炮 5 进 3

18. 炮五进三 卒 5 进 1 19. 后车平五 车 4 平 5

黑方兑车,是失策之着。应改走士 4 进 5,这样尚无大碍。

20. 车三退一

红方多子,大占优势。

第 19 局 黑进车骑河捉兵对红进中兵(八)

1. 炮二平五 马 8 进 7 2. 马二进三 车 9 平 8

3. 兵七进一 炮 8 平 9 4. 马八进七 车 8 进 5

5. 兵五进一 炮 2 平 5 6. 马七进五 马 2 进 3

7. 炮八平七(图 19) ··········

如图 19 形势,黑方有两种走法:象 3 进 1 和卒 7 进 1。现分述如下。

第一种走法:象 3 进 1

7. ·········· 象 3 进 1 8. 车九平八 卒 7 进 1

黑方冲 7 路卒活通马路,正着。

38

9. 兵三进一　车 8 退 1

10. 兵三进一　…………

红方如改走车一平二,黑方则车 8 进 5,马三退二,马 7 进 6,马二进三,马 6 进 5,马三进五,车 1 进 1,炮五退一,车 1 平 6,兵三进一,士 6 进 5,马五退三,炮 9 平 7,炮五进一,车 6 进 5,兵三进一,炮 7 进 5,炮七平三,炮 5 进 3,仕六进五,卒 5 进 1,炮三进七,卒 3 进 1,车八进七,马 3 进 4,炮三平一,马 4 进 3,对攻中黑方优势。

10. …………　车 8 平 7

11. 炮七退一　…………

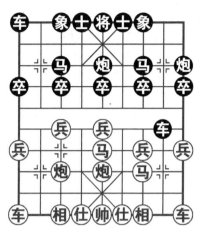

图 19

红方退炮,准备右移攻击黑方 7 路车、马,是灵活有力之着。

11. …………　马 7 进 6　12. 炮七平三　马 6 进 7

黑方也可改走车 7 平 8 弃象,摆脱牵制。

13. 车一平二　炮 9 平 7　14. 车二进三　士 4 进 5

黑方如改走车 1 进 1,红方则车八进六,也是红方易走。

15. 仕四进五　车 1 平 4　16. 车八进三　炮 7 进 1

17. 炮五平六　车 4 进 2　18. 相三进五　炮 5 平 7

19. 车二进三　象 7 进 5　20. 相五进三　…………

红方扬相别马,一击中的。由此谋得一象,占优。

20. …………　前炮进 2

黑方如改走马 7 退 5,红方则马三进四,红方得子。

21. 马五进三　炮 7 进 3　22. 车八平三　炮 7 进 2

23. 车三进二　象 5 进 7　24. 车二退四　炮 7 退 1

黑方如改走炮 7 退 2,红方则炮三进四,车 4 平 7,炮六平三,也是红方优势。

25. 车二进一　炮 7 进 1　26. 车二平三　炮 7 平 9

27. 炮三进四　车 4 平 7　28. 炮六平二

红方优势。

第二种走法:卒 7 进 1

7. …………　卒 7 进 1

黑方不出车却挺卒,是创新的走法。

8.兵七进一　卒3进1　　9.炮七进五　马7进6

10.炮七平一　象7进9　　11.车九平八　马6进5

12.马三进五　卒5进1　　13.马五退三　卒5进1

14.车一平二　车8平6　　15.车八进六　车1进2

16.车八平五　卒3进1　　17.兵三进一　……………

红方弃兵活马,是力争主动的走法。

17.……………　车6平7　　18.马三进二　炮5退1

19.马二进三　车7平6　　20.仕四进五　卒3平4

21.车二进三　象9退7　　22.马三退五　象3进5

23.车五平六　炮5进3　　24.炮五进三　士4进5

25.车二平八

红方多子胜势。

第20局　　黑进车骑河捉兵对红进中兵(九)

1.炮二平五　马8进7　　2.马二进三　车9平8

3.兵七进一　炮8平9　　4.马八进七　车8进5

5.兵五进一　炮2平5　　6.马七进五　马2进3(图20)

如图20形势,红方有两种走法:车九进一和兵三进一。现分述如下。

第一种走法:车九进一

7.车九进一　……………

红方高横车,是寻求变化的走法。如改走车九平八,则卒7进1,炮八平七,马7进6,黑不难走。

7.……………　车1平2

8.炮八退一　车2进6

9.车一进一　士4进5

10.炮八平四　车8平6

11.兵三进一　车6进1

12.炮四平五　车2平4

黑方双肋车控制红方盘头马,形势渐趋有利。

13.车九平八　车6进1　　14.车一平三　炮5进3

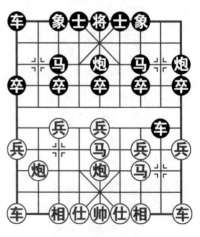

图20

40

15. 前炮进二 ··············

红方进炮属无奈之着,否则黑方出将叫杀。

15. ·············· 车4平5 16. 相七进五 车5平6

17. 前炮平四 后车平7 18. 炮五平七 车7进1

19. 车三进一 车6平7

黑方多子,大占优势。

第二种走法:兵三进一

7. 兵三进一 车8退1

黑方亦可改走车8进1,红方如接走炮八进一,黑方则车8退2,车九平八,车1平2,车一进一,卒7进1,车八进一,卒7进1,马五进三,车8平7,相三进一,马7进6,后马进四,炮9平6,兵五进一,卒5进1,马四进六,车2进4,兵七进一,车2平3,马六进七,炮6平3,炮八进六,车3平4,仕六进五,马6进7,炮五进五,象7进5,炮八退四,炮3进7,炮八平五,士4进5,黑方大占优势。

8. 车一进一 车1平2 9. 炮八平七 车2进6

10. 炮七退一 卒3进1 11. 兵七进一 车8平3

12. 兵五进一 炮5进2 13. 炮七平五 象3进5

14. 车一平四 炮5进3 15. 相七进五 卒7进1

16. 兵三进一 车3平7 17. 车四进七 车2进6

18. 车九平七 马3进4 19. 马五进六 车7平4

20. 马三进四 车4平6 21. 车四平三 车6进1

22. 车三退一 士6进5 23. 炮五进五 将5平6

24. 仕六进五 炮9进4 25. 车七进三 炮9平5

黑胜。

第21局 黑进车骑河捉兵对红进中兵(十)

1. 炮二平五 马8进7 2. 马二进三 车9平8

3. 兵七进一 炮8平9 4. 马八进七 车8进5

5. 兵五进一 炮2平5 6. 马七进五 车1进2

黑方高车,是含蓄的走法。

7. 车一进一(图21) ··············

红方高右横车,正着。

如图21形势,黑方有两种走法:车1平2和车1平4。现分述如下。

第一种走法：车1平2

7. ………… 车1平2

8. 车九进二 …………

红方亦可改走车九平八,黑方则车2进4,车一平八,马2进1,炮八平七,车2平3,前车进二,车3平2,车八进三,车8退1,兵九进一,炮9退1,仕六进五,士4进5,车八进四,卒1进1,兵五进一,卒5进1,兵九进一,卒5进1,炮五进二,车8平1,炮七平五,车1平4,前炮进一,车4退1,马五进四,车4平6,马三进五,卒7进1,后炮平四,车6平7,马四进三,车7退1,车八平七,红方胜势。

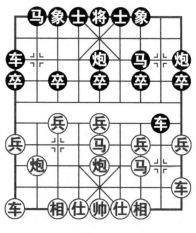

图21

8. ………… 马2进3

9. 炮八退一 车2进4　　10. 车九平六 车8平6

双方迅速开出双车,抢占有利地形,伺机进攻。

11. 兵三进一 车6进2　　12. 仕四进五 车6退1

13. 炮八平七 卒5进1

黑方冲中卒,在中路展开反击,是正确的选择。

14. 炮七进五 …………

红方如改走兵五进一,黑方则炮5进4,马三进五,车2平5,车六进五,马7退5,黑方多子占优。

14. ………… 炮5进3　　15. 车一平二 …………

红方如改走炮七进三,黑方则士4进5,红方孤炮难以成势。

15. ………… 象3进5　　16. 兵七进一 炮5进2

17. 相三进五 卒5进1　　18. 马五进七 象5进3

19. 车二进六 马7进5　　20. 马七进五 车2平4

黑方平车邀兑,化解红方进车攻马的手段,正着。

21. 车六进一 车6平4　　22. 马五进三 炮9进4

23. 马三进一 车4平9　　24. 炮七平六 车9平4

黑方平车捉炮,是稳健的走法。如改走马3进4,则局势相对复杂、多变。

25. 车二平七 车4退3　　26. 车七退二 …………

红方应改走马三进二,黑方则士6进5,车七平一,可速成和势。

26. ·········　车4进6　　27.仕五退六　马5进3

黑方易走。

第二种走法:车1平4

7. ·········　车1平4　　8.车九进一　卒7进1

9.车一平六　·········

红方亦可改走车九平四,黑方如车4进4,红方则车四进五,卒5进1,兵三进一,车8进1,兵三进一,士4进5,仕四进五,车8平7,兵三进一,马7退9,车四平七,红方先手。

9. ·········　车4进6

黑方应以改走马7进6为宜。

10.车九平六　马7进6　　11.兵三进一　车8退1

12.炮八进三　车8退1　　13.炮八进一　马6进5

14.马三进五　马2进3　　15.兵三进一　炮9平7

16.兵三平二　车8进1　　17.车六平三　炮7进2

双方均势。

第22局　黑进车骑河捉兵对红进中兵(十一)

1.炮二平五　马8进7　　2.马二进三　车9平8

3.兵七进一　炮8平9

4.马八进七　车8进5

5.兵五进一　炮2平5

6.马七进五　车1进2(图22)

如图22形势,红方有三种走法:车九进

一、车九平八和兵三进一。现分述如下。

第一种走法:车九进一

7.车九进一　车1平2

8.车九平八　马2进3

9.车一进一　车2进4

10.炮八平七　车2平3

11.炮七退一　士6进5

12.炮七平五　卒3进1　　13.兵七进一　车3退2

14.前炮平七　马3进4

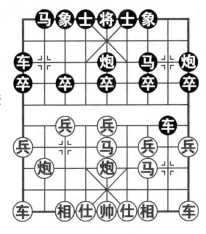

图22

43

黑方进马,是抢先之着。

15.相七进五	马4进5	16.马三进五	炮5进3
17.炮七退二	象7进5	18.炮五平七	车3平4
19.车八进二	卒7进1	20.仕六进五	马7进6
21.马五进七	将5平6	22.马七进八	车4平5
23.车一平二	车8进3	24.前炮平二	车5平3
25.帅五平六	马6进4	26.车八平六	马4退2
27.炮二进四	车3进2	28.车六平七	马2进3

黑方优势。

第二种走法:车九平八

7.车九平八　车1平2　　8.车一进一　⋯⋯⋯⋯⋯⋯

红方如改走炮八进四,黑方则马2进3,车一进一,卒7进1,车一平四,士4进5,双方形成互缠之势。

8.⋯⋯⋯⋯⋯⋯　车2进4

黑方如改走马2进1,红方则车八进一,卒7进1,炮八进二,车8退4,车一平四,车2进2,兵七进一,卒3进1,炮八平七,车8平2,炮七进五,士4进5,车八进四,车2进3,炮七退二,马7进8,炮七平一,象7进9,车四进五,马8进7,车四平五,马7进5,相三进五,马1退3,车五平七,炮5进4,马三进五,车2进2,车七进二,车2平5,车七进一,士5退4,车七退四,车5平1,车七进一,双方均势。

9.车一平八　⋯⋯⋯⋯⋯⋯

红方如改走车八进一,黑方则马2进3,炮八平七,车2平3,炮七退一,士4进5,车八进七,卒5进1,车八平七,卒5进1,车七退一,炮5进4,炮五进二,车8平5,车七平三,炮5平1,相七进五,炮1进3,黑方胜势。

9.⋯⋯⋯⋯⋯⋯	炮9进4	10.炮八进七	炮9平5
11.马三进五	车2平5	12.仕六进五	车8平6
13.前车平六	士6进5	14.炮八平九	将5平6
15.车六进七	车6进1	16.炮九平六	车5平2
17.车八进三	车6平2	18.炮六平三	车2进3
19.炮三平七	车2平3	20.仕五退六	车3退3

黑方易走。

第三种走法:兵三进一

7.兵三进一　车8退1　　8.车九进一　车1平4

9.车一进一 卒7进1 10.车一平六 马7进6

黑方如改走车4进6,红方则车九平六,马7进6,炮八进三,车8退1,炮八进一,马2进3,兵三进一,马6进5,马三进五,炮9平7,黑可抗衡。

11.炮八进三 车8退3 12.车六进六 炮9平4

13.车九平六 马6进5 14.马三进五 士6进5

15.炮八退二 ············

红方退炮,是机警之着。如改走兵三进一,则车8进5,马五进三,炮5进3,仕六进五,车8平3,相七进九,车3平2,炮八平四,炮4平7,黑方优势。

15.············ 卒5进1 16.车六进三 车8进4

17.相三进一 炮5进3 18.炮五进二 卒5进1

19.车六平五 炮4平5 20.相七进五 马2进3

双方大体均势。

第23局 黑进车骑河捉兵对红进中兵(十二)

1.炮二平五 马8进7 2.马二进三 车9平8

3.兵七进一 炮8平9 4.马八进七 车8进5

5.兵五进一 炮2平5 6.马七进五 卒7进1

黑方挺7路卒,准备跃马争先。

7.兵三进一 车8退1 8.兵三进一 ············

红方兵三进一,是改进后的走法。这里另有两种走法:

①炮八退一,卒7进1,马五进三,马7进6,兵五进一,卒5进1,炮八平五,卒5进1,车九平八,车8平7,后炮进三,士4进5,后炮进五,象3进5,相三进五,马2进3,炮五进一,马6退7,仕四进五,车1平4,车一平四,车4进6,车八进六,红方稍优。

②兵五进一,卒7进1,马五进三,卒5进1,马三进四,车8退3,车九进一,车8平6,车九平四,炮5进5,相七进五,马7进5,车一平二,车1进2,车二进六,车1平6,车四进一,马2进3,双方各有顾忌。

8.············ 车8平7 9.炮八退一 ············

红方退炮侧击,是上一回合兵三进一的续进手段。

9.············ 马7进6

10.炮八平三(图23) ············

如图23形势,黑方有两种走法:马6进7和车7平8。现分述如下。

第一种走法:马6进7

10.………… 马6进7

黑方如改走马6进5,红方则炮三进四,马5进7,炮五进四,红方优势。

11.车九进一 …………

这里,红方另有两种走法:

①车九平八,马2进3,仕六进五,车1平2,车八进九,马3退2,车一平二,炮9平7,车二进三,士4进5,炮五平八,炮5平1,马三退一,马7进5,相七进五,车7进4,马一进三,车7平6,马五进三,炮1平5,相三进一,车6退4,前马进二,车6平4,车二平三,炮7平6,炮八平六,炮5进3,马二进三,

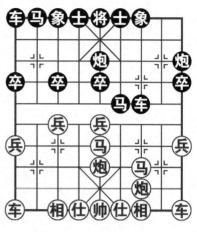

图23

炮6退1,帅五平六,车4平6,车三进一,卒5进1,车三进二,马2进1,车三平六,象3进5,相五进三,车6平7,前马退二,卒1进1,双方互缠。

②车一平二,车1进1(如马2进3,则车二进三,炮9平7,车九平八,红方稍占优势),车九平八,马2进3,仕六进五,车1平6,炮五平七,炮9平7,车二进四,象7进9,车八进六,卒5进1,兵五进一,车7平5,车二平三,象9进7,车三退一,炮7进4,炮三进二,炮5进4,炮七平五,车6进6,马三退二,士4进5,黑方胜势。

11.………… 车1进1

黑方如改走炮9平7,红方则车一平二,车1进2,车九平四,卒5进1,车四进二,卒5进1,炮五进二,士4进5,仕四进五,车1平4,车二进四,车4进4,相三进五,将5平4,炮五平六,将4平5,车四进三,炮5进3,炮三进二,车4退1,炮三进四,车7退2,车四平五,车7平5,车五进一,象3进5,车二平三,马2进4,马五退七,车4平3,马三进五,车3进1,车三平五,红方多子占优。

12.车九平四 车1平8 13.车四进二 炮9平7

14.车一进一 马2进3

黑方如改走士6进5,红方则兵一进一,车8进5,仕六进五,炮7平6,车一退一,红方优势。

15.兵一进一 车8进5 16.仕四进五 象7进9

17.兵五进一 卒5进1 18.马三进一 车8平9

19.车一进二 马7退8 20.炮三进六 车7进5

21.仕五退四 马8进9 22.炮三平七 炮5进4

23.炮五进三 马9退7 24.车四平五 马7进6

25.帅五进一 车7退1 26.帅五进一 马6退7

27.车五进一

红胜。

第二种走法:车7平8

10.··········· 车7平8 11.车九进一 ···········

红方进车,准备策应右翼,攻击点准确。

11.··········· 马2进3

黑方如改走士6进5,红方则马三进四,车8进4,兵五进一,马6进8,马五进三,炮5进2,炮五进四,炮9平5,马四进六,马2进3,马三进五,马3进5,马六进五,象3进5,兵一进一,车1平2,车一进三,车2进4,马五退三,车2平6,马三退五,车6进2,车一平四,马8进6,炮三平八,车8退4,炮八进八,象5退3,车九平四,马5进4,炮八退五,车8平5,炮八平六,车5进2,仕四进五,象7进5,双方均势。

12.炮三进八 士6进5 13.炮三平一 炮9平7

14.马三进四 车8进1 15.车九平四 ···········

红方平车保马,伏有兵五进一的攻击手段,是取胜要着。

15.··········· 车1平2 16.兵五进一 马6退8

17.马四进三 车8进1 18.马五进四 炮5进2

19.马三退五 马8进6 20.车四进四 卒5进1

21.车一进一

红方胜势。

第24局 黑进车骑河捉兵对红飞边相

1.炮二平五 马8进7 2.马二进三 车9平8

3.兵七进一 炮8平9 4.马八进七 车8进5

5.相七进九 ···········

红方飞边相,是稳步进取的走法。

5.··········· 炮2平5 6.兵三进一 ···········

红方弃兵陷车,紧凑有力。如改走炮八进五,则马2进3,炮八平五,象3进5,车九平八,卒7进1,车八进六,士4进5,车一平二,车8进4,马三退二,马7

进6,车八平七,车1平4,兵七进一,车4进7,马七进八,马6进7,仕四进五,车4退2,马八进六,马7进8,炮五平二,车4平8,炮二平八,炮9进4,马六进七,车8平7,相三进五,炮9进3,仕五退四,车7平2,炮八平六,马8退7,车七平九,士5退4,车九平六,士4进5,帅五进一,车2平8,帅五平六,车8进4,炮六平八,马7进5,黑方大占优势。

　　6. ⋯⋯⋯⋯⋯　　车8平7

　　黑方如改走车8退1,红方则车一平二,红方持先手。

　　7. 车一进二(图24) ⋯⋯⋯⋯⋯

　　如图24形势,黑方有两种走法:马2进3和车1进1。现分述如下。

　　第一种走法:马2进3

　　7. ⋯⋯⋯⋯⋯　　马2进3

　　8. 炮八退一　　车7退1

　　9. 炮八平三　　车7平6

　　10. 车一平二　　马7退5

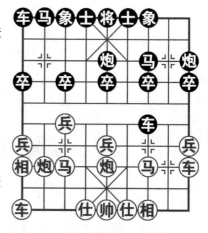

图24

　　黑方退马解困,必然之着。否则马三进二,黑难抵挡。

　　11. 车九进一　　卒7进1

　　12. 马三进二　　⋯⋯⋯⋯⋯

　　红方如改走车二进六,黑方则炮5平7,马三进二,卒7进1,炮三进六,马5进7,马二进三,炮9进4,兵五进一,也是红方易走。

　　12. ⋯⋯⋯⋯⋯　　卒7进1　　13. 马二进一　　炮9进4

　　黑方炮打边兵,既使底象有活动余地,又可平7进行反击。

　　14. 车二进六　　炮9平7　　15. 炮三进三　　⋯⋯⋯⋯⋯

　　红方进炮打卒,不算紧凑。不如改走炮五平三,黑则炮7进2(如车6进3,则后炮进二,车6平7,车二平四,红方呈胜势),车九平三,卒7进1,炮三平五,这样更为有利。

　　15. ⋯⋯⋯⋯⋯　　炮7进1

　　黑方进炮捉马进行反击,是顽强的应手。否则红方车九平三,黑方局势立即崩溃。

　　16. 车九平六　　车6退1

　　黑方如改走炮7平3,红方则炮五平三,炮5进4,车六进二,车6进1(如炮

48

5退2,则车二平四,红方胜),炮三退一,炮5退2,车二平四,车6平5,仕四进五,红方胜定。

17.车六进六　…………

红方进车士角,是紧凑有力的走法。如改走马一退二,则炮7平3,炮五平三,炮5进4,车六进二,炮5退2,马二进三,对攻中也是红方主动。

17.…………　　车6平9

黑方应改走车1平2,这样较为顽强。但如改走炮7平3,红方则马一退三,炮5进4,炮五进四,红方胜势。

18.车二平四　　车1进2　　19.仕四进五　　马3退2

黑方如改走车9退3,红方则帅五平四,象7进9,炮五进四,红方亦呈胜势。

20.车六进二　…………

红方弃车,促成妙杀,精彩之着!如误走帅五平四,则炮5平6,车四退一,车9平6,车四退一,马5进6,红方攻势消解,双方均势。

20.…………　　将5平4　　21.车四进一　　将4进1

22.炮三平六　　马5进7　　23.车四平五

红胜。

第二种走法:车1进1

7.…………　　车1进1

黑方高横车,是一种尝试。

8.炮八退一　　车7退1　　9.车一平二　…………

红方亮车略嫌缓,应改走炮八平三为宜。

9.…………　　炮9进4　　10.车九平八　　炮9平7

11.相三进一　　车1平4　　12.仕四进五　　马2进3

13.炮八平七　　车4进7　　14.炮七退一　　卒5进1

15.马七进八　　马7进5　　16.马八进七　　车4退5

17.车八进八　　炮7平1　　18.车八退五　　炮1退1

19.车八平九　　卒5进1　　20.车九进一　　卒5进1

21.马三进五　　炮5进4　　22.车九退一　　炮5退2

23.马七退八　　马3退5

双方互缠。

49

第二节 红右横车变例

第25局 红右横车对黑左车巡河

1. 炮二平五　马8进7　　2. 马二进三　车9平8
3. 兵七进一　炮8平9　　4. 马八进七　炮2平5
5. 车九平八　马2进3　　6. 车一进一　……………

红方起横车,准备伺机平四、六路,是中炮进七路兵对三步虎转列炮中的一种常见走法。

6.…………　车8进4

黑方左车巡河,是力求稳健的走法。

7. 车一平四(图25)…………

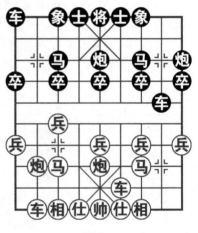

图25

红方如改走马七进八,黑方则卒3进1,兵七进一,车8平3,相七进九,卒1进1,车八进一,卒1进1,兵九进一,车1进5,炮八平七,马3进1,车一平七,车3平2,马八退六,车2进4,车七平八,车1平4,车八进五,车4进1,车八平九,炮5进4,马三进五,车4平5,车九退二,象3进5,兵一进一,卒7进1,炮七进五,马7进6,炮七平一,象7进9,车九平四,马6退4,车四进二,马4进2,车四平一,象9退7,双方均势。

如图25形势,黑方有三种走法:车1进1、车1平2和卒3进1。现分述如下。

第一种走法:车1进1

7.…………　车1进1　　8. 马七进六　…………

红方进河口马,是力争主动的走法。

8.…………　车8平2

黑方平车拴链红方无根车、炮,是稳健的走法。

9. 车四进五　车1平8

黑方如改走车1平4,红方则炮八平六,红方优势。

10. 兵三进一　士6进5　　11. 兵七进一　…………

50

红方弃兵逐车,是抢先之着。

11.…………　车2进1

黑方如改走车2平3,红方则炮八平七,车3进1,车四退二,车8进3,炮五退一,红方优势。

12.兵七进一　车2平4　　13.兵七进一　车4平3

14.车四平三　车8进1　　15.炮八进七　车3退3

16.炮八平九　炮5平4　　17.马三进四　炮4进1

18.炮五进四　将5平6　　19.炮五退二　车3平6

20.马四退三　车8进5　　21.炮五平四　将6平5

22.车八进二

红方优势。

第二种走法:车1平2

7.…………　车1平2　　8.炮八进四　…………

红方左炮封车,是抢先之着。

8.…………　士4进5

黑方如改走卒3进1,红方则马七进六,卒3进1,马六进四,马7退8,马四进六,红方先手。

9.马七进六　卒7进1　　10.马六进七　车8进2

11.炮五平七　…………

红方卸炮,是攻守兼备之着。

11.…………　炮5平4　　12.相七进五　象3进5

13.车四平六　车8平7　　14.炮八退三　车7平8

15.车八进一　车8退2　　16.炮八平七　车2进8

17.车六平八　卒7进1　　18.相五进三　车8平4

19.马七进五　炮9平5　　20.前炮进四

红方优势。

第三种走法:卒3进1

7.…………　卒3进1

黑方挺卒活通右马,是寻求变化的一种走法。

8.马七进六　…………

红方弃兵跃马,是抢先之着。

8.…………　卒3进1　　9.马六进四　马7退8

这里,黑方另有两种走法:

①车8退2,炮八平七,马3进4,车八进五,马4进2,马四进六,炮5平4,炮七平六,车8进3,兵三进一,车8平7,马三进四,士6进5,马四进五,马7进5,炮五进四,红方胜势。

②马3退5,炮八进三,车8退2,马四进六,炮5平4,马六退七,车1平2,兵五进一,马5进3,马七进八,车2进3,炮八平五,卒5进1,车八进六,炮4平5,炮五进三,马7进5,马三进五,车8进3,炮五进二,象7进5,兵五进一,车8平5,兵五进一,马3进4,车八平九,炮9进4,兵三进一,车5进1,车四平五,车5平6,车五平六,车6平5,仕六进五,马4退3,车九平六,车5退3,前车平五,马3进5,双方大体均势。

10.炮八平七　　车1进1

黑方如改走卒3进1,红方则炮七进五,炮9平3,炮五进四,士4进5,相七进五,红方优势。

11.炮七进五　　炮9平3　　12.炮五进四　　士6进5

13.相七进五　　车1平4　　14.车八进五

红方较优。

第26局　　红右横车对黑进车骑河

1.炮二平五　　马8进7　　2.马二进三　　车9平8

3.兵七进一　　炮8平9　　4.马八进七　　炮2平5

5.车九平八　　马2进3

6.车一进一　　车8进5(图26)

黑进车骑河,企图扰乱红方阵形。

如图26形势,红方有两种走法:相七进九和车一平六。现分述如下。

第一种走法:相七进九

7.相七进九　　车1平2

8.炮八进四　　…………

红方进炮封车,是紧凑有力之着。

8.…………　　车8平6

黑方如改走车8进1,红方则车一平四,士4进5,兵三进一,车8平7,车四进一,炮5

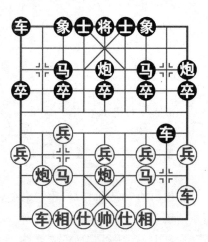

图26

52

平 4,炮五退一,象 3 进 5,炮五平三,车 7 平 8,马三进四,车 8 平 7,车四平三,车 7 进 1,马四退三,红方易走。

9.车一平二　士 4 进 5　　10.仕六进五　卒 7 进 1

11.车二进五　车 6 退 3　　12.炮五平四

红方先手。

第二种走法:车一平六

7.车一平六　车 8 平 3　　8.车六进一　………………

红方如改走马七进六,黑方则卒 7 进 1,炮八平七,士 4 进 5,相七进九,车 3 退 1,炮七退二,炮 5 平 4,马六退八,车 3 进 2,马八退七,车 3 平 1,车八进六,卒 3 进 1,车八平七,马 3 退 4,车七退一,象 3 进 5,车七退一,前车退 2,车六进五,车 1 平 2,炮七平九,车 1 平 6,炮五平七,卒 9 进 1,黑方反先。

8.………………　卒 3 进 1　　9.炮五退一　车 3 平 6

10.兵三进一　………………

红方进兵逐车,是抢先之着。

10.………………　车 6 退 1

黑方如改走车 6 平 7,红方则炮五平三,车 7 平 3,炮三平七,车 3 平 7,马七进六,红方优势。

11.车六进二　士 4 进 5　　12.相七进五　炮 9 平 8

13.马七进八　炮 5 平 6　　14.炮五平七　象 3 进 5

15.马八进七　卒 7 进 1　　16.炮八进三　卒 3 进 1

17.车六平七　卒 7 进 1　　18.车七平三　马 7 进 8

19.车八进四　车 6 平 3

双方对抢先手。

第 27 局　　红右横车对黑右直车

1.炮二平五　马 8 进 7　　2.马二进三　车 9 平 8

3.兵七进一　炮 8 平 9　　4.马八进七　炮 2 平 5

5.车九平八　马 2 进 3　　6.车一进一　车 1 平 2

黑方出右车,意在牵制红方车、炮。

7.炮八进四(图 27)　………………

红方进炮封车,是简明有力的走法。如改走车一平六,则车 8 进 4,兵三进一,卒 7 进 1,马三进四,卒 3 进 1,兵七进一,卒 7 进 1,马四进六,马 3 进 4,炮八进三,马4进3,炮八平二,车2进9,炮二平三,车2平3,炮三进四,士6进5,车六进一,炮5进4,仕四进五,马7进6,炮三退三,炮9平8,帅五平四,炮8平6,帅四平五,炮6平3,马七退九,马3进5,黑方多子胜势。

如图27形势,黑方有三种走法:车8进5、车8进6和卒7进1。现分述如下。

第一种走法:车8进5

7.………… 车8进5

8.相七进九 …………

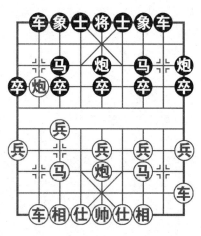

图27

红方飞相保兵,是稳健的选择。如改走车一平六,则车8平3,马七进六,卒7进1,相七进九,车3进1,马六进五,马7进5,炮八平五,士4进5,车八进九,马3退2,车六进四,马2进3,仕六进五,车3退2,车六进一,炮9平7,帅五平六,车3进2,兵五进一,炮7平8,马三退一,车3平1,前炮退一,炮5平1,后炮平七,炮8进1,车六进一,象7进5,车六平七,车1进1,炮七平五,炮8进5,帅六平五,车1进2,仕五退六,炮8平3,车七退一,炮3进1,仕六进五,炮3退3,仕五退六,炮5进2,仕四进五,炮3进3,车七退六,车1平3,马一进三,车3退3,黑方胜势。

8.…………	车8平6	9.车一平二	卒7进1
10.车二进五	士4进5	11.车二平三	车6退3
12.兵三进一	炮9退1	13.兵三进一	炮9平7
14.车三平二	炮7进3	15.马三进二	马7进6
16.仕四进五	炮7进3	17.马二进四	车6进2
18.炮五进四	马3进5	19.炮八平五	车2进9
20.马七退八	车6平5	21.马八进六	炮7进1
22.马六进七	车5进2	23.马七退五	炮7平9
24.相九退七	卒1进1	25.车二平三	炮9进1
26.相三进一	卒9进1		

黑方足可一战。

第二种走法:车8进6

7.………… 车8进6

54

黑方左车过河,是力争主动的走法。

8.车一平四　卒7进1　　9.车四进五　炮5退1

10.车四平三　车8退4　　11.马七进六　象7进5

12.炮八进一　炮5平7　　13.车三平一　士6进5

14.炮五平七　炮7平9　　15.车一平三　马7退8

16.相七进五　车8进6　　17.车三进二　后炮平8

18.兵七进一　象5进3　　19.车三退一　炮8平6

20.车三平七　炮6进1　　21.车七退一　车2进2

22.车八进七　炮9平2　　23.车七退一

红方得象占优。

第三种走法:卒7进1

7.…………　卒7进1　　8.车一平八　炮5退1

黑方退中炮,是灵活的走法。如改走士4进5,则前车进四,红方易走。

9.仕六进五　象7进5　　10.炮五平六　马7进6

11.相七进五　炮9平7　　12.前车进四　马6进7

13.马七进六　卒3进1　　14.马六进七　卒3进1

15.炮八进二　车2平1　　16.炮八平六　车1进1

17.前车平六　炮5平6　　18.车八平七　车8进5

双方各有千秋。

小结:黑方第4回合车8进5,进车骑河捉兵,是寻求对攻的走法。以下红方有两种走法:

①红方第5回合兵五进一,挺中兵拦车,准备发动盘头马的攻势,属于急攻型的走法。演变结果是:红方子力集中,易于组织攻势。

②红方第5回合相七进九,飞相保兵,是稳步进取的走法。黑方补架中炮意在谋求反击,但遭到红方弃兵陷车的攻击,致使黑方骑河车进退维谷,从而落下风。

黑方第4回合炮2平5,补架中炮后,红方第6回合车一进一起横车,准备伺机平四、六路,这也是中炮进七路兵对三步虎转列炮中的一种走法。以下黑方有三种走法:黑方第6回合车8进4,左车巡河,略嫌软弱,实战效果欠佳,黑方第6回合车8进5或车1平2出直车的应法,可与红方抗衡。

第三章 红两头蛇类

第一节 红高右横车变例

第28局 红右横车对黑左车巡河(一)

1.炮二平五 马8进7 2.马二进三 车9平8

3.兵三进一 炮8平9 4.马八进七 炮2平5

5.车九平八 马2进3 6.兵七进一 车1进1

黑方高横车,正着。如改走车8进4,则车一平二,车8进5,马三退二,车1进1,炮八进六,红方主动。

7.车一进一 ···········

红方高右横车,是稳健的选择。

7.··········· 车8进4

黑方升车巡河,准备兑卒活马,是比较常见的一种应法。

8.车一平四 卒3进1

黑方兑3路卒,让红方争得马七进六以后,黑方的左翼将要受到红方盘河马的攻击,实战效果欠佳。

9.马七进六 ···········

红方不吃卒而跃马,是抢先之着。这里另有两种走法:

①兵七进一,车8平3,马七进六,卒7进1,兵三进一,车3平7,炮八平七,象3进1,车八进四,马3进4,车八进一,车1平3,炮七平六,车3进3,车八平七,象1进3,车四平七,马4退3,黑可抗衡。

②车四进三,马3进4,车四平六,炮5平4,车六平五,马4进3,车五平六,车1平3,黑方先手。

9.··········· 卒3进1

黑方渡卒吃兵,嫌软。

10.马六进四(图28) ···········

红方进马,是争先的有力之着。

如图28形势,黑方有三种走法:马7退8、车1平7和马7退5。现分述如下。

第一种走法:马7退8

10.⋯⋯⋯⋯⋯ 马7退8

黑方如误走马7退9(如车1平6,则马四进五,车6进7,马五进七,将5进1,炮八进六,马后炮杀),红方则炮八进六或炮八进三,红方弃兵有攻势。

11.炮八进三 ⋯⋯⋯⋯⋯

红方进炮打车,是简明有力之着。

11.⋯⋯⋯⋯⋯ 马3进2

黑方如改走车8退2,红方则炮五平七,

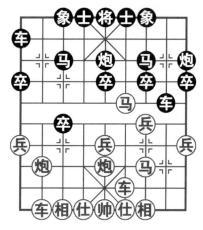

图28

车8退1,马三进二,车8平2,车四平八,车2平6,兵三进一,卒7进1,炮八平三,卒3进1,炮七平二,车6进2,炮二平四,车6平8,炮三退二,红方优势。

12.炮五进四 士6进5 13.车八进五 炮9平6

14.马四进六 车8平2 15.马六退八 将5平6

16.马八进六

红方优势。

第二种走法:车1平7

10.⋯⋯⋯⋯⋯ 车1平7

黑方平车保马,是稳健的选择。

11.炮八平七 车7平6

黑方平车,准备弃子抢先,嫌急。应改走马7退9为宜。

12.炮七进五 车6进3 13.车四进四 车8平6

14.炮七平三 卒7进1 15.炮五进四 士6进5

16.炮三平二 ⋯⋯⋯⋯⋯

红方平炮催杀,着法紧凑。

16.⋯⋯⋯⋯⋯ 将5平6

黑方出将,出于无奈。如改走炮9退1,则兵三进一,车6平7,炮二进二,象7进9,车八进二,炮9平7(如车7平5,则马三进四),车八平四,车7退1(如炮7进6,则仕四进五),马三进四,红方优势。

17.兵三进一 车6进3

57

黑方如改走车6平7,红方则车八进二,也是红方多子占优。

18.马三进二　车6进2　　　19.帅五进一　车6退6

20.炮二进二　将6进1　　　21.马二进三　炮9平7

22.炮二退三　车6进5　　　23.帅五退一　车6进1

24.帅五进一　车6平7　　　25.车八进五

红方胜势。

第三种走法:马7退5

10.…………　马7退5

黑方退窝心马,是一种创新。

11.炮八进三　…………

红方进炮打车,是紧凑有力之着。

11.…………　马3进2　　　12.车八进五　炮5平6

13.马四进二　车8退1

黑方退车吃马,实属无奈。如误走车8平2,则马二进三,炮6退1,车四进七,绝杀,红胜。

14.车四进六　卒7进1　　　15.车八平四　炮9退2

16.兵三进一　车1进1　　　17.前车平九　象3进1

18.车四进二　马5进4　　　19.车四平九　马4进2

20.车九平三　马2进4　　　21.车三进二

红方优势。

第29局　红右横车对黑左车巡河(二)

1.炮二平五　马8进7　　　2.马二进三　车9平8

3.兵三进一　炮8平9　　　4.马八进七　炮2平5

5.车九平八　马2进3　　　6.兵七进一　车1进1

7.车一进一　车8进4　　　8.车一平四　卒3进1

9.马七进六　卒7进1

黑方兑7路卒,意在活通左马。

10.马六进四　…………

红方跃马,正着。这里另有两种走法:

①兵三进一,车8平7,兵七进一,车7平3,炮八平六,车1平8,相七进九,车8进5,车八平七,车3进5,相九退七,车8平7,车四进三,炮5平4,车四退

58

一,车7退2,炮六进五,炮9平4,马三进四,马3进4,马四进五,马7进5,车四进二,象7进9,车四平三,象9进7,马六进四,双方大体均势。

②兵七进一,卒7进1,兵七进一,车1平4,兵七进一,车4进4,黑方反先。

10.…………… 车1平7

黑方如改走马7进6,红方则车四进四,卒3进1,兵三进一,车8进2,炮八平七,红方优势。

11.马四进三 ……………

红方如改走兵七进一,黑方则卒7进1,马四进三,车7进1,兵七进一,卒7进1,兵七进一,卒7进1,炮五进四,炮5进4,车四进二,炮5退2,炮八进三,车8退1,炮八平七,车7平3,车八进六,车3进2,车四平六,车3进1,黑方胜势。

11.…………… 车7进1 12.车四进四 ……………

红方进车骑河,好棋!如改走兵七进一,则卒7进1,兵七进一,卒7进1,兵七进一,卒7进1,车四进二,车7进1,炮八进七,炮9平3,车八进六,车8平3,炮五进四,车7平5,车八平五,炮3进7,仕六进五,炮3平1,炮八平六,士6进5,车四平三,将5平4,车三进六,将4进1,黑方大占优势。

12.…………… 卒3进1(图29)

黑方如改走车8平9,红方则兵一进一,车9进1,兵七进一,卒7进1,兵七进一,卒7进1,兵七进一,卒7进1,炮五进四,炮5进4,炮八平七,车7平3,车八进三,车9退1,车四进三,车3进5,车八平五,车3平6,车四平六,车9进2,车五进一,车9平6,仕六进五,后车退1,车五进一,后车退1,双方不变作和。

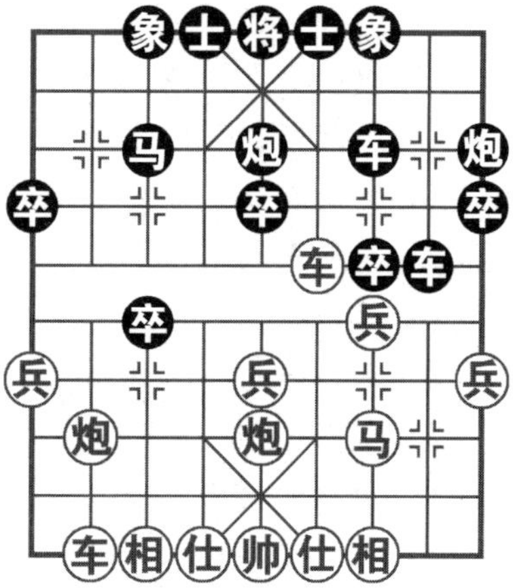

如图29形势,红方有两种走法:炮八平七和炮五平七。现分述如下。

第一种走法:炮八平七

13.炮八平七 炮5退1

14.仕四进五 ……………

红方如改走车八进八,黑方则卒3进1,炮五进四,车7平5,炮五平七,车5平4,仕四进五,象3进5,帅五平四,炮9退2,后炮平四,车4进1,炮七平八,炮5平8,炮四进七,炮9进1,车八退一,车4进5,车八平七,炮8进1,车七退四,车4平2,红方有失子之虞。

图29

14. ··········	卒 3 进 1	15. 炮五进四	车 7 平 5
16. 帅五平四	炮 9 退 2	17. 炮五平七	象 3 进 1
18. 后炮平五	车 5 平 8	19. 兵三进一	··········

红方兵渡河,其势渐盛了。

19. ··········	前车进 4	20. 炮七退二	炮 5 进 6
21. 相七进五	士 4 进 5	22. 车八进六	后车平 4
23. 车八平七	炮 9 进 2	24. 兵三进一	卒 3 平 4
25. 炮七平三	象 7 进 5	26. 兵三进一	

红方大占优势。

第二种走法:炮五平七

| 13. 炮五平七 | 车 7 退 1 | 14. 炮八进七 | ·········· |

红方如改走炮七进五,黑方则炮9平3,车四平七,炮3平1,炮八进七,炮1退2,车八进六,车8退3,兵三进一,车7平2,车七平八,车2进2,车八进一,车8平7,车八平九,车7进3,马三进二,车7平8,马二退三,车8进2,车九进三,车8平7,马三退五,炮5进4,马五进七,炮5退2,黑方弃子有攻势。

14. ··········	车 7 平 4	15. 相七进五	车 8 退 3
16. 炮七进五	炮 9 平 3	17. 车四平七	车 4 平 3
18. 车七平三	炮 3 平 1	19. 车三平六	车 8 平 4
20. 车六进三	车 3 平 4	21. 车八进三	车 4 平 3
22. 炮八平九	卒 3 进 1	23. 车八进三	卒 5 进 1
24. 仕四进五	车 3 平 1	25. 炮九退二	车 1 进 1
26. 车八平一	卒 3 平 4	27. 车一平五	炮 5 退 1
28. 车五退一	车 1 平 5	29. 车五平四	炮 5 平 1

双方大体均势。

第 30 局　红右横车对黑左车巡河(三)

1. 炮二平五	马 8 进 7	2. 马二进三	车 9 平 8
3. 兵三进一	炮 8 平 9	4. 马八进七	炮 2 平 5
5. 车九平八	马 2 进 3	6. 兵七进一	车 1 进 1
7. 车一进一	车 8 进 4	8. 车一平四	卒 3 进 1
9. 马七进六	车 8 平 4		

黑方平车捉马,是改进后的走法。

10. 车四进三 (图 30) ··········

如图 30 形势,黑方有两种走法:卒 3 进
1 和车 1 平 2。现分述如下。

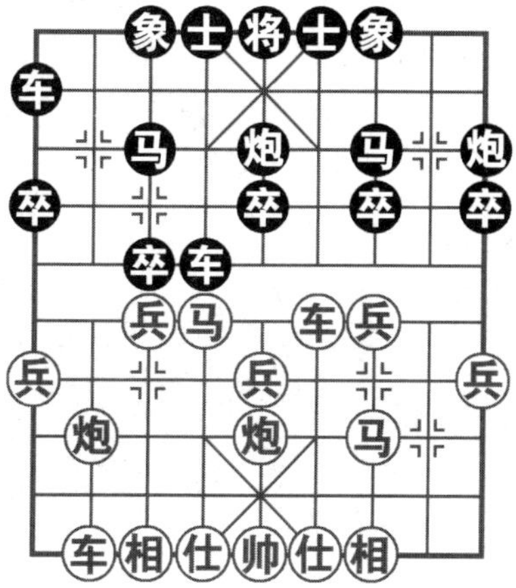

第一种走法:卒 3 进 1

10. ·········· 卒 3 进 1

11. 马六进四 马 7 退 9

黑方如改走马 7 退 8,红方则马四进五,
象 7 进 5,车四平七,红方先手。

12. 炮八平七 卒 3 进 1

13. 炮七进五 炮 9 平 3

14. 炮五进四 ··········

红方炮击中卒,是改进后的走法。以往

图 30

红方曾走仕六进五,黑方则车 1 平 7,炮五进四,士 6 进 5,相七进五,卒 7 进 1,兵
三进一,车 7 进 3,马三进二,炮 3 进 2,车八进五,马 9 进 8,马四进五,象 7 进 5,
车四进二,车 7 平 8,炮五平二,车 8 进 1,炮二平九,车 4 进 2,车四平一,车 4 平
5,炮九进三,车 8 平 6,车一进三,车 6 退 5,车一退三,车 6 进 5,双方大体均势。

14. ·········· 士 4 进 5

黑方如改走士 6 进 5,红方则相七进五,炮 3 进 2,马四进五,象 7 进 5,仕四
进五,马 9 进 7,炮五退二,车 4 退 1,车四进一,车 4 平 5,马三进四,炮 3 退 3,炮
五平九,象 3 进 1,马四进六,卒 7 进 1,车四退一,车 5 平 3,马六进五,车 3 平 5,
车八进七,红方优势。

15. 相七进五 炮 3 进 2 16. 车八进五 ··········

红方进车拴链黑方车、炮,是含蓄有力之着。如改走马四进五,则象 7 进 5,
仕四进五,车 4 退 1,炮五退二,车 1 平 3,车八进九,卒 3 进 1,帅五平四,将 5 平
4,车四进一,炮 3 退 2,车四平五,卒 3 进 1,炮五平七,车 4 平 3,车五平六,将 4
平 5,炮七进三,前车平 6,帅四平五,车 3 进 1,黑方满意。

16. ·········· 车 1 平 4 17. 车四平六 象 3 进 1

18. 车六进一 车 4 进 3 19. 马四进五 象 7 进 5

20. 车八进一 卒 3 进 1 21. 马三进四 车 4 退 2

22. 马四进三 马 9 进 7 23. 炮五平六

红方优势。

第二种走法:车 1 平 2

10. ·········· 车 1 平 2 11. 炮五平六 ··········

61

红方平炮打车,正着。如改走马六进四,则马7退9,兵七进一,车4平3,炮八进四,马3进4,车四平八,马4退3,马四退六,车2平6,炮八平七,象3进1,前车进一,车3进1,前车退一,车3退1,双方不变作和。

　　11.‥‥‥‥‥　车4平5　　12.相七进五　卒7进1

　　黑方如改走卒3进1,红方则马六进七,车5平3(如车5平2,则炮八进六,车2进5,炮八平三,红方稍占优势),炮八平七,红方先手。

　　13.炮六平七　马7进8　　14.炮七进三　卒7进1

　　15.车四平三　车2退1　　16.马六进七　车5平4

　　17.炮七平二　车4平8　　18.炮八进四

　　红方优势。

第31局　　红右横车对黑左车巡河(四)

　　1.炮二平五　马8进7　　2.马二进三　车9平8

　　3.兵三进一　炮8平9　　4.马八进七　炮2平5

　　5.车九平八　马2进3　　6.兵七进一　车1进1

　　7.车一进一　车8进4　　8.车一平四　卒7进1

　　黑方兑7路卒,是改进后的走法。

　　9.车四进三　‥‥‥‥‥

　　红方进车巡河,正着。如改走车四进五,则卒7进1,车四平三,车8退2,车三退二,炮9退1,黑方易走。

　　9.‥‥‥‥‥　车1平4　　10.马七进六　‥‥‥‥‥

　　红方马七进六,是稳健的走法。

　　10.‥‥‥‥‥　车4进3　　11.炮五平六　‥‥‥‥‥

　　红方卸中炮,调整阵形。如改走炮八平六,则卒7进1,车四平三,车4平7,车三进一,车8平7,车八进六,车7进1,马六进七,炮5退1,相七进九,马7进6,车八退一,马6退5,兵七进一,炮9平7,车八退三,马5进7,兵七平六,马7进9,车八进二,车7进1,兵一进一,马9进7,车八平四,马7退8,炮六平七,炮7进5,炮七进五,炮7平1,双方对攻。

　　11.‥‥‥‥‥　卒7进1　　12.车四平三　车4平7

　　13.车三进一　车8平7

　　14.相七进五(图31)　‥‥‥‥‥

　　如图31形势,黑方有两种走法:车7进2和马7进6。现分述如下。

第一种走法:车7进2

14. ⋯⋯⋯⋯ 车7进2

黑方如改走车7平2,红方则兵七进一,车2进1(如车2平3,则炮八平七,马7进6,马六进四,车3平6,车八进六,红方持先手),马六退七,车2进1,兵七进一,车2平3,兵七进一,车3进1,仕六进五,马7进6,双方均势。

15. 仕六进五 ⋯⋯⋯⋯

红方补仕,加强防守。如改走炮八进五,则马7进8,炮八平五,象7进5,车八进一,卒5进1,马六进四,车7退2,马三进二,炮9平8,炮六进三,车7退1,车八进五,车7平5,马二退三,象5进7,仕六进五,象3进5,兵一进一,车5平6,兵七进一,象5进3,黑方易走。

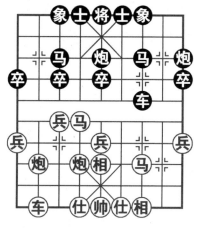

图31

15. ⋯⋯⋯⋯ 炮5进4

黑方炮打中兵,是争先之着。

16. 马三进五 车7平5　17. 炮八平七 象7进5

18. 炮七退二 卒5进1　19. 马六进七 马7进5

20. 车八进五 炮9进4　21. 车八平五 车5退2

22. 马七退五 马3进2　23. 炮七平九

双方平稳。

第二种走法:马7进6

14. ⋯⋯⋯⋯ 马7进6　15. 马六进四 车7平6

16. 炮八平七 炮5平7　17. 车八进三 ⋯⋯⋯⋯

红方如改走车八进八,黑方则象3进5,车八平三,车6平7,仕四进五,卒9进1,兵九进一,士4进5,炮七进一,马3退1,马三进四,车7平6,马四退三,车6平7,马三进四,车7平6,马四退三,炮7进2,车三退二,马1进3,双方对峙。

17. ⋯⋯⋯⋯ 象3进5　18. 兵五进一 卒9进1

19. 炮七进四 ⋯⋯⋯⋯

红方应改走仕六进五为宜。

19. ⋯⋯⋯⋯ 炮7进7　20. 相五退三 车6进3

21. 炮六进六 车6平7　22. 车八进四 车7退2

23.炮六平九　车7平5　　24.仕六进五　马3退5

25.炮九进一　马5退3　　26.车八进一　车5平3

27.车八平七　车3平7　　28.炮七进三　象5退3

29.车七进一　车7进4

黑方优势。

第32局　红右横车对黑左车巡河(五)

1.炮二平五　马8进7　　2.马二进三　车9平8

3.兵三进一　炮8平9　　4.马八进七　炮2平5

5.车九平八　马2进3　　6.兵七进一　车1进1

7.车一进一　车8进4　　8.车一平四　卒7进1

9.车四进三　车1平4　　10.马七进六　车4进3

11.炮八平七　卒7进1

黑方如改走炮5退1,红方则炮五平六,卒7进1,车四平三,车4平7,车三进一,车8平7,相七进五,马7进8,兵七进一,车7平3,炮六退一,象3进5,车八进八,炮9退1,车八退一,炮9进1,炮六平七,车3平4,马六进八,象5进3,车八退一,象7进5,前炮进四,车4平7,马三进四,马8进7,车八平六,炮5平7,马八进七,士4进5,车六退三,红方优势。

12.车四平三　车8平7

13.车三进一　车4平7(图32)

如图32形势,红方有两种走法:车八进八和马六进七。现分述如下。

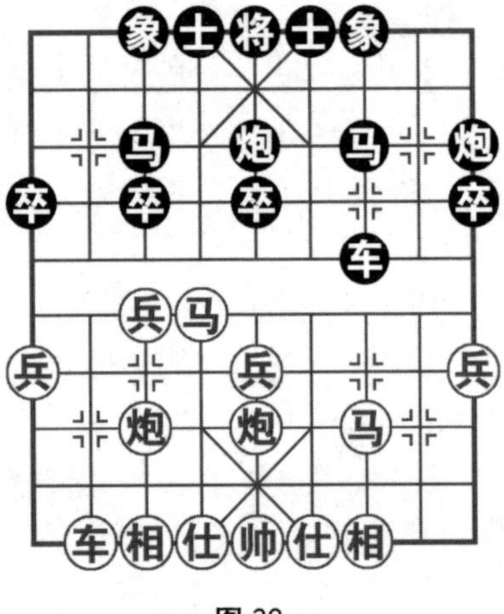

第一种走法:车八进八

14.车八进八　⋯⋯⋯⋯

红方进车下二路,是保持变化的积极之着。

图32

14.⋯⋯⋯⋯　车7平4

黑方如改走士4进5,红方则马六进七,炮5平6,炮五平六,炮9退1,车八退二,象7进5,相七进五,车7平4,仕六进五,炮9平7,车八退三,马7进8,兵五进一,炮6平7,马三进二,车4平7,相三进一,后炮平8,炮六进二,炮7平8,马二退三,马8进7,相一进三,马7退5,车八平四,前炮平6,黑方足可一战。

15. 车八平三　　马 3 退 5

黑方如改走车 4 进 1,红方则车三退一,车 4 平 3,炮七平六,士 4 进 5,炮六进三,红方易走。

16. 马六退四　　炮 5 平 2　　17. 炮七进四　　炮 2 退 1

18. 炮七进二　　象 3 进 5

黑方补象,加强防守。如改走炮 2 进 6,则马三进二,炮 2 退 2,车三平四,炮 9 进 4,炮五平三,象 7 进 9,马二进三,象 9 进 7,马三退五,象 7 退 9,马五进三,象 9 进 7,马四退二,炮 9 平 1,仕四进五,红方有攻势。

19. 马四进二　　车 4 平 8　　20. 炮五退一　　炮 9 进 4

21. 炮五平六　　…………

红方平肋炮,构思巧妙,是扰乱黑方阵势、迅速扩大优势的有力之着。黑方如接走炮 9 平 7,红方则炮六进七,红方速胜。

21. …………　　象 5 退 3　　22. 炮六平三　　炮 9 平 7

23. 炮三进二　　车 8 进 1　　24. 车三退一　　…………

红方退车砍马,又是一步妙手!黑方如接走马 5 进 7,红方则炮三进六,士 6 进 5,马三进二,红方得子胜定。

24. …………　　车 8 平 3　　25. 炮三进六　　马 5 退 7

26. 炮七平二

红方优势。

第二种走法:马六进七

14. 马六进七　　炮 5 退 1

黑方如改走马 7 进 6,红方则车八进五,炮 5 平 7,相三进一,炮 7 进 5,炮七平三,象 7 进 5,兵五进一,炮 9 平 8,炮三平二,炮 8 进 1,炮五进四,士 6 进 5,炮五平一,车 7 平 9,兵一进一,车 9 退 1,车八平四,红方多兵占优。

15. 炮五平六　　马 7 进 8　　16. 相七进五　　炮 5 平 7

17. 马七退六　　炮 7 进 6　　18. 炮六平三　　车 7 平 4

19. 马六退四　　象 3 进 5　　20. 炮七进五　　炮 9 平 3

21. 车八进三　　马 8 进 6　　22. 兵五进一　　炮 3 退 1

23. 仕六进五　　炮 3 平 9　　24. 炮三平一　　马 6 进 8

25. 马四退二　　车 4 平 8　　26. 炮一进四　　炮 9 进 5

双方各有顾忌。

第33局　红右横车对黑左车巡河(六)

1.炮二平五	马8进7	2.马二进三	车9平8
3.兵三进一	炮8平9	4.马八进七	炮2平5
5.车九平八	马2进3	6.兵七进一	车1进1
7.车一进一	车8进4	8.车一平四	卒7进1
9.车四进三	车1平4	10.炮八平九	…………

红方平边炮,是比较稳健的选择。

10.…………　车4进3

黑方车巡河,也是比较常见的应法。

11.车八进六　…………

红方如改走车八进八,黑方则士6进5,马七进六,炮5平6,炮五平六,卒7进1,车四平三,车4平7,车三进一,车8平7,相七进五,卒3进1,炮九平七,象3进5,兵七进一,车7平3,炮七进五,炮6平3,车八退二,车3平5,炮六平九,卒1进1,仕六进五,卒9进1,双方局势平稳。

11.…………　卒7进1

12.车四平三　车4平7

13.车三进一　车8平7

14.炮五退一　马7进6(图33)

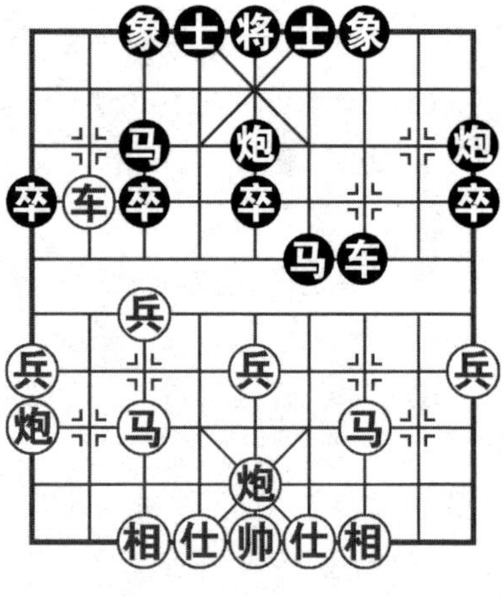

如图33形势,红方有两种走法:炮五平三和车八退一。现分述如下。

第一种走法:炮五平三

15.炮五平三　…………

红方平炮打车,嫌急。

15.…………　马6进5

16.炮三进四　…………

红方以炮打车,似不如改走马三进五,车7进4,相七进五,要比实战走法好。

图33

16.…………	马5退3	17.相三进五	前马退2
18.炮三进一	马2进3	19.炮三平七	前马退5

黑方退马弃象,并无必要。应改走象3进1,这样黑方多中卒,稳占优势。

20.炮七进三	士4进5	21.马七进六	马5进4

66

黑方满意。

第二种走法:车八退一

15. 车八退一 …………

红方退车牵制黑方车、马,是改进后的走法。

15. ………… 炮 5 平 7

黑方如改走象 3 进 1,红方则炮五平三,车 7 平 8,相七进五,士 6 进 5,马三进四,车 8 平 7,炮三平二,卒 3 进 1,炮二进八,士 5 退 6,车八退一,炮 9 进 4,兵七进一,象 1 进 3,炮二退二,马 6 退 7,炮二平五,象 3 退 5,车八进三,车 7 平 3,马七进八,车 3 平 2,车八平七,车 2 进 1,马四进六,车 2 退 1,马六进五,象 7 进5,车七平五,士 4 进 5,车五平三,炮 9 平 1,双方各有千秋。

16. 炮五平三 车 7 平 9 　　17. 炮三进六 马 6 退 7
18. 车八平一 卒 9 进 1 　　19. 马七进六 象 7 进 5
20. 马六进七 马 7 进 6 　　21. 相七进五 炮 9 进 1
22. 炮九平七 马 3 退 5 　　23. 炮七进一 马 5 进 7
24. 马三进四 士 6 进 5

双方平稳。

第34局　红右横车对黑左车巡河(七)

1. 炮二平五 马 8 进 7 　　2. 马二进三 车 9 平 8
3. 兵三进一 炮 8 平 9 　　4. 马八进七 炮 2 平 5
5. 车九平八 马 2 进 3 　　6. 兵七进一 车 1 进 1
7. 车一进一 车 8 进 4 　　8. 车一平四 卒 7 进 1
9. 车四进三 车 1 平 4 　　10. 炮八平九 车 4 进 3
11. 车八进六 炮 5 退 1 　　12. 炮五退一(图34) …………

红方亦可改走兵三进一,黑方如车 8 平 7,红方则炮五退一,也是红方持先手。

如图 34 形势,黑方有两种走法:车 4 进 4 和卒 7 进 1。现分述如下。

第一种走法:车 4 进 4

12. ………… 车 4 进 4 　　13. 炮五平四 卒 7 进 1
14. 车四平三 车 4 平 6 　　15. 车三进三 车 6 平 3

黑方如改走象 3 进 5,红方则车八平七,马 3 退 2,仕六进五,车 8 平 2,兵七进一,车 2 进 3,炮九退一,车 2 进 1,相七进五,炮 5 平 1,炮九进五,红方优势。

16. 车八退四　　象3进5

17. 相三进五　　炮5平9

18. 仕四进五　　前炮进4

19. 马三进一　　炮9进5

20. 车三退七

黑方足可一战。

第二种走法:卒7进1

12. …………　　卒7进1

13. 车四平三　　车8退2

14. 车三平六　　车4平6

15. 车六进三　　象7进5

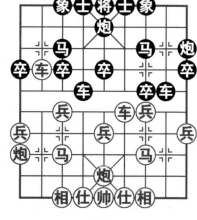

图34

黑方飞象,准备弃马争先。如改走炮5平7,则较为灵活多变。

16. 炮五平七　　…………

红方卸炮调整阵形,是稳健的走法。如改走车六平七,则炮5平7,红方右翼空虚,双方各有顾忌。

16. …………　　炮5平7　　17. 马七进六　　士6进5

18. 马六进四　　士5进4　　19. 马四退二　　炮9进4

20. 炮七平二　　炮9平8　　21. 相七进五

红方稍好。

第35局　红右横车对黑左车巡河(八)

1. 炮二平五　　马8进7　　2. 马二进三　　车9平8

3. 兵三进一　　炮8平9　　4. 马八进七　　炮2平5

5. 车九平八　　马2进3　　6. 兵七进一　　车1进1

7. 车一进一　　车8进4　　8. 车一平四　　卒7进1

9. 车四进三　　车1平4　　10. 炮八平九　　车4进3

11. 炮五退一　　…………

红方退中炮,是改进后的走法。

11. …………　　车4进4

黑方如改走卒5进1,红方则车八进六,马7进5,车四平六,车4进1,马七进六,红方先手。

12. 车八进八（图 35）·············

如图 35 形势,黑方有两种走法:炮 5 退 1 和卒 7 进 1。现分述如下。

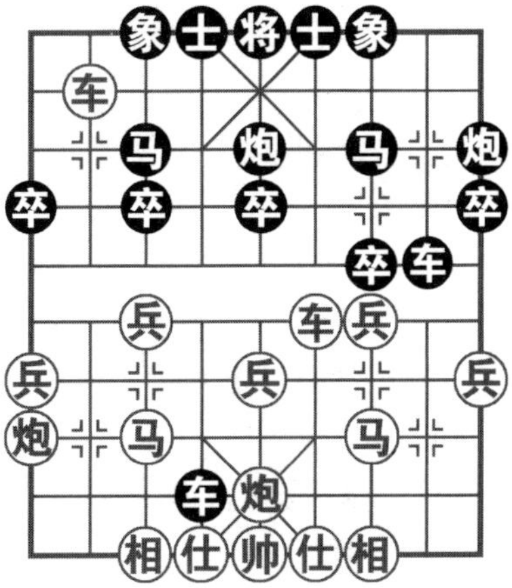

第一种走法:炮 5 退 1

12. ············　炮 5 退 1

13. 炮五平四　卒 7 进 1

14. 车四平三　车 4 退 6

15. 炮四平三　车 8 退 2

16. 车三平六 ············

红方平车邀兑,是抢先之着。

16. ············　车 4 平 6

17. 车六平四　车 6 进 3

图 35

18. 马三进四　马 7 进 6　　19. 相七进五　车 8 平 4

20. 车八退三　马 6 进 4　　21. 马七进六　车 4 进 3

22. 马四退三　象 7 进 5　　23. 车八平四　炮 5 平 2

24. 马三进四　士 6 进 5　　25. 仕六进五　炮 2 进 4

26. 马四进二　炮 9 平 6　　27. 马二进一　炮 2 退 4

28. 炮三进七　车 4 平 8　　29. 炮三平八　车 8 退 3

30. 炮九平七　炮 6 平 9

红方稍好。

第二种走法:卒 7 进 1

12. ············　卒 7 进 1　　13. 车四平三　马 7 进 6

黑方如改走马 3 退 5,红方则车三平六,车 4 退 3,马七进六,车 8 平 4,马六退四,炮 9 退 1,车八退二,炮 9 平 7,相三进五,炮 5 平 4,炮五平三,炮 4 进 7,仕四进五,炮 4 退 1,炮三平六,车 4 进 4,车八平七,象 7 进 5,马三进四,马 7 进 6,车七平五,马 5 进 7,车五平四,马 6 进 4,后马进二,马 4 进 3,马二退三,马 3 进 1,车四进二,炮 7 进 6,炮九平三,马 1 进 3,帅五平四,士 6 进 5,车四退二,马 3 退 5,帅四进一,车 4 平 2,炮三退一,车 2 进 4,帅四平五,红方多子胜势。

14. 车三进五 ············

红方进车吃象略嫌急,应改走马三进四,较易掌握先手。

14. ············　炮 9 平 7　　15. 相三进一　士 4 进 5

16. 车八平七　象 3 进 1　　17. 炮九平八　车 4 平 2

69

黑方平车捉炮嫌软,应以改走车4平3捉马为宜。

18. 炮八进六　车8退1　　19. 马三进四　炮5平6

20. 炮八退四　车8进4　　21. 马七进六　马6进4

22. 炮八平六　炮6进7

黑方以炮打仕,是力求一搏的走法。

23. 相一退三　…………

红方退相,佳着!

23. …………　车2平4　　24. 车七退一　车4退3

25. 马四进五　车4进3　　26. 车七平九

红方胜势。

第36局　　红右横车对黑左车巡河(九)

1. 炮二平五　马8进7　　2. 马二进三　车9平8

3. 兵三进一　炮8平9　　4. 马八进七　炮2平5

5. 车九平八　马2进3　　6. 兵七进一　车1进1

7. 车一进一　车8进4　　8. 车一平四　卒7进1

9. 车四进三　车1平4

10. 炮八平九(图36)　…………

如图36形势,黑方有三种走法:车4进
5、车4进7和炮5退1。现分述如下。

第一种走法:车4进5

10. …………　车4进5

黑方进车过于冒失,应改走车4进3,较
为稳妥。

11. 马七进六　…………

红方跃马争先是必然的一手,否则被黑
方走到车4平3压马后,红方无便宜可占。

11. …………　士4进5

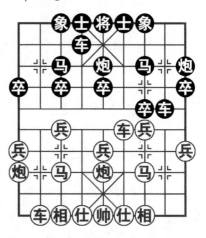

图36

黑方如改走士6进5,红方则炮九平七,炮5平4,仕四进五,象7进5,兵七
进一,卒7进1,车四平三,车8平3,车八进四,炮9退2,炮七进四,马3退1,马
三进四,车4平5,马四进五,马7进5,炮五进四,车5退3,马六进五,车3退1,
车三进二,炮9进6,车三平一,马1进3,车八进四,炮9平7,马五进三,车3平

70

9,马三退一,炮7退4,双方均势。

12.车八进二 车8进2

黑方如改走卒7进1,红方则车四平三,车8平4,车三进三,后车进1,仕四进五,后车平3,炮九平六,车3进4,马三进四,车4退3,炮五平三,炮5进4,帅五平四,象3进5,炮三进七,象5退7,炮六平三,红方攻势明显。

13.车八平七 车8平7 　　14.车七进一 …………

红方以车吃马,是争先取势的佳着。如改走兵三进一,则车4退2,兵七进一,马3退4,黑方尚可抗衡。

14.………… 炮5进4

黑方如改走卒7进1,红方则车七进二,士5退4,车四进二,车4退1,车四平三,红方大占优势。

15.炮五进四 马7进5 　　16.车七进二 士5退4

17.车四进五 …………

红方车杀底仕,妙手!

17.………… 将5平6 　　18.车七平六 将6进1

19.马六进五 炮9平5 　　20.车六退六 将6平9

21.马三进五 炮9平5 　　22.车六进五 将6退1

23.帅五进一 车7进2 　　24.帅五进一 车7平6

25.车六进一 将6进1 　　26.车六退一 将6退1

27.兵三进一

红方胜势。

第二种走法:车4进7

10.………… 车4进7 　　11.马七进六 卒3进1

黑方兑卒,是打开僵持局面的佳着。

12.兵七进一 卒7进1 　　13.车四平三 车8平3

14.仕四进五 车3进1 　　15.车三进三 车4退3

16.车三进二 车4平7

黑方抓住红方贪图实利吃象的软手,平车邀兑,抢占要道,走得十分老练。

17.车三退三 车3平7 　　18.车八进八 炮9平7

19.车八平三 车7进1 　　20.炮九平八 士4进5

21.炮五平七 马3进2 　　22.相三进五 象3进1

23.炮八进一 车7退2 　　24.炮七平八 马2进4

25.前炮进四　士5进6　　26.前炮平四　马4进6

27.炮四退三　卒5进1

黑方占势易走。

第三种走法:炮5退1

10.…………　炮5退1　　11.炮五退一　…………

红方退炮,是创新的走法。以往红方曾走车八进五,黑方则炮5平7,兵三进一,炮7进3,马三进二,车4平8,炮五平二,前车进1,炮二进六,车8平6,车八平三,马7退5,相七进五,红方先手。

11.…………　卒7进1　　12.车四平三　马7进6

13.马三进四　象7进5　　14.车三进四　车8进1

15.马四退三　车8平3　　16.车八进二　车4进7

17.车三平四　车3退1　　18.兵五进一　炮9平7

19.马三进四　象5进7　　20.相三进五　象7退9

21.车四退一　炮5进1　　22.马四进二　士4进5

23.车四退一　炮7平5　　24.兵五进一　卒5进1

25.炮五平三　卒5进1　　26.马七退五　炮7平2

27.炮三平六　炮2退4　　28.车四进二　卒5进1

黑方攻势猛烈。

第37局　红右横车对黑左车巡河(十)

1.炮二平五　马8进7　　2.马二进三　车9平8

3.兵三进一　炮8平9　　4.马八进七　炮2平5

5.车九平八　马2进3　　6.兵七进一　车1进1

7.车一进一　车8进4　　8.车一平四　卒7进1

9.车四进三　车1平4　　10.炮八进三　…………

红方进炮骑河打车,构思巧妙,是改进后的走法。

10.…………　车8进2

黑方进车,是寻求变化的走法。如改走卒7进1,则车四平三,红方易走。

11.兵七进一　…………

红方弃七路兵,正着。如改走兵三进一吃卒,则车8平7压马,黑方满意。

11.…………　卒3进1　　12.炮八平三　…………

红方弃兵后再平炮打卒胁象,是骑河炮打车的续进手段。

12. ·········· 士6进5

黑方补士,预先作防范。

13.马七进六 ··········

红方跃马河口,是力争主动的走法。

13. ·········· 马3进4 14.车四进四 卒3进1

15.车四平三 车8退4

黑方退车保马,正着。如改走卒3平4,则车三退一,红方下伏车三进二或炮三进四的手段,明显占主动。

16.马六退四 ··········

红方退马,以退为进,是灵活的走法。

16. ·········· 马4进2

17.车八进一(图37) ··········

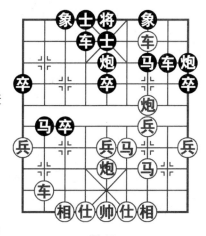

图 37

如图37形势,黑方有两种走法:马2进3和车4进4。现分述如下。

第一种走法:马2进3

17. ·········· 马2进3

18.车八平七 马3退4

19.马四进二 马7进6

黑方跃马,力求一搏。如改走马4进6,则马二进三,炮5平3,车七平四,也是红方优势。

20.车三进一 士5退6 21.车三平一 ··········

红方平边车,下伏炮三进四的攻杀手段,进攻方向十分准确。

21. ·········· 车4平7

黑方如改走车8平7,红方则马二进一,车7平6(如车7进1,则车一退二,红方得子胜定),炮三进四,士6进5,车七进三,红方大占优势。

22.车七进三

红方优势。

第二种走法:车4进4

17. ·········· 车4进4 18.炮三平八 车4平7

这里,黑方另有两种走法:

①马2进3,仕六进五,马3退1,车八进二,马1退2,车八进二,炮5平3,

兵五进一,车4退3,车三进一,士5退6,兵五进一,士4进5,兵五进一,将5平4,炮五进六,车8进1,炮五平三,,车8平5,相七进五,将4平5,炮三平九,炮3平2,马四进五,红胜。

②炮5平2,马四进三,车8退2,车三退一,象7进5,车三进一,象5进7,车三退三,红方多相占优。

19.车三进一　士5退6　　20.炮五进四　…………

红方利用黑方车、马被牵制的弱点,炮打中卒,是迅速扩大优势的有力之着。

20.…………　士4进5

黑方如改走马7进5,红方则车三退五,红方得车占优。

21.炮八进四　象3进1　　22.炮八平四　马7进5

23.车三退五　士5退6　　24.车三平七　马5进4

25.相七进五　马2退3

黑方如改走马4进6,红方则车七平八,士6进5,前车平四,红方呈胜势。

26.马四进三

红方胜势。

第38局　红右横车对黑左车巡河(十一)

1.炮二平五　马8进7　　2.马二进三　车9平8

3.兵三进一　炮8平9　　4.马八进七　炮2平5

5.车九平八　马2进3　　6.兵七进一　车1进1

7.车一进一　车8进4　　8.车一平四　卒7进1

9.车四进三　车1平4　　10.炮八进三　车8进2

11.兵七进一　卒3进1　　12.炮八平三　士6进5

13.马七进六(图38)　…………

如图38形势,黑方有两种走法:卒3进1和炮5进4。现分述如下。

第一种走法:卒3进1

13.…………　卒3进1　　14.马六进七　…………

红方进马,嫌急。应改走炮五平七,黑方如马7进8,红方则马六进四,卒3进1,炮七进五,炮9平3,车四平七,红方易走。

14.…………　车4进2

15.车八进六　…………

红方左车过河保马,准备炮三平七攻击黑方右翼。如改走车四平七,则马7

74

进 6,黑方足可抗衡。

15.………… 马 7 进 8

黑方进外马,是改进后的走法,既可打乱红方的计划,又可进行侧翼反击,一举两得。如改走卒 3 进 1,则车四平六兑车,红方先手。

16.车四进一 炮 9 进 4

17.炮三进一 炮 5 进 4

黑方用中炮打中兵,正着。如改走炮 9 平 5,则仕四进五,红方易走。

18.马三进五 炮 9 平 5

19.仕四进五 卒 5 进 1

20.帅五平四 …………

红方弃炮出帅,伏有炮打中卒的攻击手段。

20.………… 象 7 进 5 21.炮三进三 …………

红方虎口献炮,继续施展弃子抢攻的手段。

21.………… 炮 5 平 6

黑方平炮解杀,正着。如改走车 4 平 6 兑车,则车四进一,马 8 退 6,马七退五,红方易走。

22.炮三平一 卒 5 进 1 23.车八退一 马 8 进 9

黑方进边马,攻击点十分准确。如改走马 8 进 6 打车,则车四平二兑车,黑方有所顾忌。

24.车八退二 马 9 进 8 25.帅四平五 …………

如改走帅四进一,则黑方有车 8 平 7 叫杀的手段。

25.………… 炮 6 平 5

黑方胜势。

第二种走法:炮 5 进 4

13.………… 炮 5 进 4

黑方炮打中兵,是力求简化局势的走法。

14.马三进五 车 8 平 5 15.炮三进四 车 5 平 4

16.车八进四 卒 3 进 1 17.车八平七 马 3 进 2

18.车七进一 后车进 4 19.车四平六 车 4 退 1

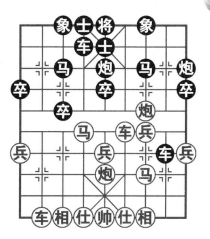

图 38

20. 车七平八　象3进5　21. 炮三退一

红方优势。

第39局　红右横车对黑左车巡河(十二)

1. 炮二平五　马8进7　2. 马二进三　车9平8

3. 兵三进一　炮8平9　4. 马八进七　炮2平5

5. 车九平八　马2进3　6. 兵七进一　车1进1

7. 车一进一　车8进4　8. 车一平四　卒7进1

9. 车四进三　车1平4　10. 炮八进三　车8进2

11. 兵七进一　卒3进1　12. 炮八平三　士6进5

13. 仕六进五　…………

红方补仕,也是此变例中常用的战术手段。

13. …………　车4进7

黑方进车骚扰红方,正着。如改走车4进5,则炮三进一,车4平3,车八进二,炮5平6,兵三进一,象7进5,车四平三,红方优势。

14. 炮三进一　炮5平4

黑方卸炮,调整阵形,正着。

15. 马七进八　象7进5

16. 炮五平七(图39)　…………

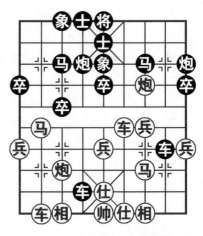

图39

如图39形势,黑方有三种走法:马3进4、马3进2和卒3进1。现分述如下。

第一种走法:马3进4

16. …………　马3进4

黑方进马,是创新着法。

17. 马八进六　车4退4

18. 炮三平九　车4平6

19. 兵三进一　车6平7

20. 炮九进三　车7进3

21. 相七进五　车7退1　22. 车八进九　炮4平3

23. 炮七进五　车7平5　24. 炮七平三

红方多子占优。

76

第二种走法：马3进2

16. ………… 马3进2　　17. 兵三进一 …………

红方如改走马八进九,黑方则炮4平3,炮七平六,马2进3,黑方易走。

17. ………… 卒3进1　　18. 车四平七　马2进4

19. 炮七进一　车8进1　　20. 车八进二　炮9平8

21. 车八平四　炮8进4　　22. 炮三平九　炮8平3

23. 车七退一　马4退2　　24. 车七进一　车4退5

25. 炮九退二　车4进3　　26. 兵三进一　马7退8

27. 马三进四　车8平6　　28. 马四退六　车6退1

29. 马八退七　马8进9　　30. 车七平三

红方优势。

第三种走法：卒3进1

16. ………… 卒3进1

黑方弃卒,准备活通右翼子力,是创新的走法。

17. 炮七进五　卒3平2　　18. 车八进四　炮9进4

19. 马三进一　车8平9　　20. 炮三平九　车4平3

21. 车四平七　车3退3　　22. 车八平七　车9平5

23. 兵三进一　车5平1　　24. 炮九平七　车1平7

25. 兵三进一　马7退6　　26. 相七进五　卒5进1

27. 兵三平四　马6进7　　28. 车七平六　车7平2

29. 后炮进三　象5退3　　30. 炮七平三　车2退3

31. 兵四进一

和势。

第40局　　红右横车对黑左车巡河(十三)

1. 炮二平五　马8进7　　2. 马二进三　车9平8

3. 兵三进一　炮8平9　　4. 马八进七　炮2平5

5. 车九平八　马2进3　　6. 兵七进一　车1进1

7. 车一进一　车8进4　　8. 车一平四　卒7进1

9. 车四进三　车1平4　　10. 炮八进三　车8进2

11. 兵七进一　卒3进1　　12. 炮八平三　士6进5

13. 仕六进五　车4进7　　14. 炮三进一　炮5平6(图40)

如图40形势,红方有四种走法:相七进九、炮五平六、兵三进一和马七进六。现分述如下。

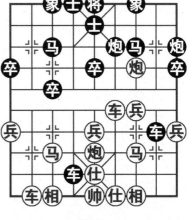

图40

第一种走法:相七进九

15. 相七进九　　象7进5

16. 炮五平六　　车8退2

17. 炮六进四　　马7退6

18. 马七进六　　车4平1

19. 车四进一　　 …………

红方亦可改走车八进三,黑方如接走马6进8,红方则炮三进一,马3进4,车四进一,红方优势。

19. …………　　车8进3

20. 车四退三　　车8退3

21. 马六退八　　 …………

红方退马,是保持变化的走法。如改走车四进三,则车8进3,双方不变作和。

21. …………　　车1平4　　22. 马八退六　　车4平1

23. 马六退七　　炮9平7　　24. 车八进八　　车1平4

25. 炮六平七　　车4退6　　26. 车四进四　　车4进1

27. 车八退二　　象3进1　　28. 马七进六　　车4进2

29. 相三进五　　马6进8　　30. 兵五进一

红方易走。

第二种走法:炮五平六

15. 炮五平六　　 …………

红方卸炮,准备调整阵形。

15. …………　　象7进5　　16. 炮六进四　　车8退2

17. 马七进六　　车8平4　　18. 马六退七　　后车平8

19. 马七进六　　车8平4　　20. 马六进八　　后车平8

21. 炮六平七　　卒5进1　　22. 车四进二　　车4退6

23. 相七进五　　马3退1　　24. 马八退七　　卒9进1

25. 炮三退一　　炮9退2　　26. 车八进八　　炮9进1

27.炮七进二　炮9平3　　28.车八平七　马1进3

29.炮三进一　卒3进1　　30.相五进七　车4进4

31.马七退八　卒5进1　　32.兵五进一　车8平3

33.马八进六　马3进4　　34.车四退三　…………

红方退车邀兑,是简明有力的走法。

34.…………　车4平6　　35.车七退三　车6平4

36.车七进一

红方多兵占优。

第三种走法:兵三进一

15.兵三进一　车4退4　　16.车四平三　卒3进1

17.马三进四　车4平3　　18.炮三进三　卒3进1

19.炮三平一　…………

红方平边炮,准备弃子争先。

19.…………　炮9进4　　20.车三平一　车8平6

21.炮五平二　…………

红方平炮催杀,是紧凑有力之着。

21.…………　将5平6　　22.兵三进一　卒3进1

23.兵三进一　炮9平5　　24.仕五进四　炮6进2

25.炮二进七　将6进1　　26.车一进二

红胜。

第四种走法:马七进六

15.马七进六　象7进5　　16.车八进四　车8退2

17.马六进七　炮9退1　　18.车四平六　车4平3

19.相七进九　车3退1　　20.兵三进一　…………

红方弃兵,是抢先之着。

20.…………　车8平7　　21.车六平三　卒3进1

22.车八平七　车7进1　　23.车七平三　车3退3

24.相九进七

红方易走。

第41局　红右横车对黑左车巡河(十四)

1.炮二平五　马8进7　　2.马二进三　车9平8

3. 兵三进一　炮8平9　　4. 马八进七　炮2平5

5. 车九平八　马2进3　　6. 兵七进一　车1进1

7. 车一进一　车8进4　　8. 车一平四　卒7进1

9. 车四进三　车1平4　　10. 炮八进三　车8进2

11. 兵七进一　卒3进1　　12. 炮八平三　士6进5

13. 仕六进五　车4进7　　14. 马七进八　马7进8(图41)

黑方外肋进马,寻求反击。以往黑方曾走炮5平6,红则马八进九,象7进5,炮三进一,马3进4,车四进一,马4进5,车八进三,马5退6,车八平二,车4平3,相七进九,车3平2,兵三进一,象5进7,马九退七,炮6平5,马三进二,马6进4,黑方满意。

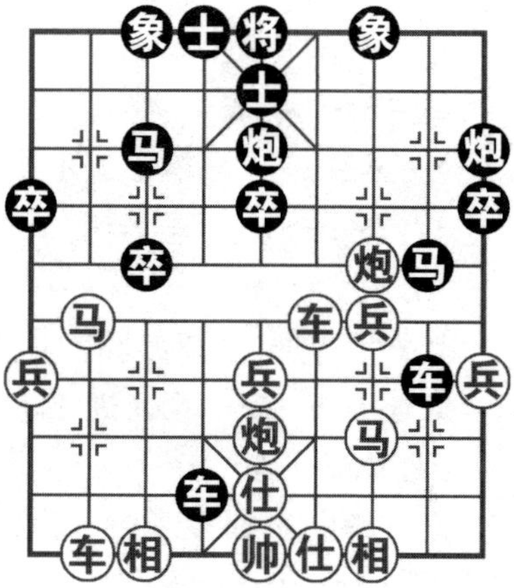

如图41形势,红方有三种走法:马八进九、车四进四和车四进一。现分述如下。

第一种走法:马八进九

15. 马八进九　………

红方马吃边卒,嫌软。

15. ………　马3进4

16. 车四进四　马4进5

17. 车八进三　炮9平8

黑方平炮,巧妙之着。

18. 马三退一　………

红方退马捉车,无奈之着。如改走马三进五(如车四平二,则马5进7,车八平二,炮8进4,车二退三,炮5进5,相三进五,炮8进3,黑方呈胜势),则炮5进4,红方难应。

18. ………　车8进2　　19. 车四平二　炮8平6

20. 车八进三　马5进3

黑方优势。

第二种走法:车四进四

15. 车四进四　炮9进4

黑方炮打边兵,是寻求对攻的走法。如改走卒3进1,则马八进九,马3进1,车八进六,马1进2,车八平五,马8退7,车五平三,车8退4,炮三平五,红方

图41

80

弃子有攻势。

16.车四平二	炮9进3	17.车八进三	卒3进1
18.炮五平七	炮5平7	19.马八进九	车8进3
20.相三进五	车8退4	21.相五退三	车8平7
22.车二退三	车7进2	23.车二退五	炮9平7
24.车二平三	车7进2	25.马九进七	车7退2
26.车八退一	卒3进1		

黑方大占优势。

第三种走法：车四进一

15.车四进一 ⋯⋯⋯⋯⋯⋯

红方进车捉卒,是创新的走法。

15.⋯⋯⋯⋯⋯	卒3进1	16.马八进七	炮5平6
17.炮三进三	炮9平7	18.兵三进一	马8退9
19.兵三进一	马9进7	20.炮三退二	炮7进5
21.车四进一	象7进5	22.炮三平五	车4退5

黑方退车,牵制红方车、炮,是含蓄有力的走法。

23.车四进一	马3进5	24.炮五进四	车4平5
25.马七进六	士5进6	26.马六退五	车8平5
27.马五进七	车5平1		

黑方残局多卒易走。

第42局　红右横车对黑左车巡河(十五)

1.炮二平五	马8进7	2.马二进三	车9平8
3.兵三进一	炮8平9	4.马八进七	炮2平5
5.车九平八	马2进3	6.兵七进一	车1进1
7.车一进一	车8进4	8.车一平四	卒7进1
9.车四进三	车1平4	10.炮八进三	车8进2
11.兵七进一	卒3进1	12.炮八平三	士6进5
13.仕六进五	车4进7(图42)		

如图42形势,红方有三种走法:相七进九、车四平六和车四进四。现分述如下。

第一种走法：相七进九

14.相七进九 ⋯⋯⋯⋯⋯⋯

红方飞相,嫌缓。

14.………… 马3进4

15.车四进四 炮5平3

16.马七进八 卒3进1

17.相九进七 车4退3

18.马八进九 炮3退1

19.车四退六 象7进5

20.炮三进一 车4平7

21.车八平六 马4进5

22.炮三平四 车7平3

23.炮四退三 马7进6

黑方优势。

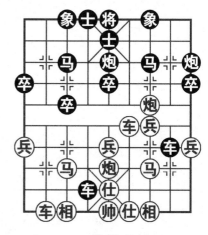

图42

第二种走法:车四平六

14.车四平六 …………

红方平车邀兑,是力求简化局势的走法。

14.………… 车4退3　　15.马七进六 炮5平6

16.炮三进一 象7进5　　17.马六进四 车8退2

黑方退车捉马,准备先弃后取。

18.马四进六 …………

红方如改走马四进三,黑方则车8退2,黑方满意。

18.………… 炮9退1　　19.车八进四 炮6进1

20.炮五平七 炮6平4　　21.炮三平六 马3退1

双方大体均势。

第三种走法:车四进四

14.车四进四 …………

红方进车塞象眼,是创新的走法。

14.………… 卒3进1

黑方应改走炮5平4为宜。

15.车四平三 卒3进1　　16.车三退一 卒3进1

17.车三进二 士5退6　　18.车八进八 炮9进4

19.车八平四 士4进5　　20.炮三进三

红有攻势。

第43局 红右横车对黑左车巡河(十六)

1. 炮二平五 马8进7　　2. 马二进三 车9平8

3. 兵三进一 炮8平9　　4. 马八进七 炮2平5

5. 车九平八 马2进3　　6. 兵七进一 车1进1

7. 车一进一 车8进4　　8. 车一平四 卒7进1

9. 车四进三 车1平4　　10. 炮八进三 车8进2

11. 兵七进一 卒3进1　　12. 炮八平三 车4进6

黑方进车捉马,是一种应法。

13. 马七进八(图43)　··········

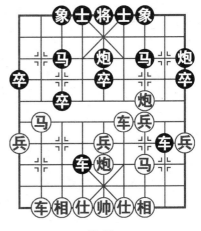

图43

红方进外马,正着。如改走炮三进四,则士6进5,马七进八,车8退6,炮三退一,车8平7,炮三平二,马7进8,黑方易走。

如图43形势,黑方有两种走法:马7进8和士6进5。现分述如下。

第一种走法:马7进8

13. ·········· 马7进8

14. 仕六进五 车4进1

15. 车四进一 ··········

红方如改走马八进九,黑方则马3进1,车八进六,炮9进4,车四进二,士4进5,车八平九,炮5进4,车四平五,象7进5,黑方中路占势,稍优。

15. ·········· 卒3进1　　16. 马八进七 马8进9

黑方如改走车4退5,红方则车四平七(亦可车八进六,则士4进5,马三进四或炮三进一,红方持先手),卒3平4,炮三进一,卒5进1,兵三进一,红方优势。

17. 车四进三 士6进5　　18. 马七进五 ··········

红方以马换取中炮,是简化局势、扩大先手的好棋。如改走车四平三,则车8退6,红方难控制局势。

18. ·········· 象3进5　　19. 炮三进二 象5退3

20. 车八进六 车4平3　　21. 车八平七 ··········

红方弃相压马,是力争主动的走法。

21.………… 车3进1 　22.仕五退六 马9进8

23.仕四进五 车3退3 　24.兵三进一 车3平1

25.马三进四

红方优势。

第二种走法:士6进5

13.………… 士6进5

黑方补士,是含蓄的走法。

14.仕六进五 车4进1

黑方应以改走车4退4为宜。

15.炮五平七 马7进8

黑方如改走马3退1,红方则马八进九,象3进1,车八进八,炮9退1,车四进四,黑方难应。

16.马八进九 炮5进4 　17.马三进五 车8平5

18.马九进七 象7进5 　19.车四退二 炮9平3

黑方如误走象5进7,红方则马七退六,黑方失车。

20.炮七进五 象5进7 　21.兵三进一 马8进7

22.车八进九 象3进5 　23.炮七平九 车5平3

24.相七进九 车3平1 　25.炮九进二 马7退5

26.车四平二 象5退7 　27.车二进七 车1进1

28.车八退八 车1退7 　29.车八平六

红方胜势。

第44局　红右横车对黑左车巡河(十七)

1.炮二平五 马8进7 　2.马二进三 车9平8

3.兵三进一 炮8平9 　4.马八进七 炮2平5

5.车九平八 马2进3 　6.兵七进一 车1进1

7.车一进一 车8进4 　8.车一平四 卒7进1

9.车四进三 车1平4 　10.炮八进三 车8进2

11.兵七进一 卒3进1 　12.炮八平三 马7进8

黑方进外马,中路略嫌薄弱。

13.马七进六(图44)…………

如图44形势,黑方有两种走法:炮9进4和卒3进1。现分述如下。

第一种走法:炮9进4

13. ………… 炮9进4

黑方炮打边兵,是谋取实惠的走法。

14. 马六进四 …………

红方进马,是力争主动的走法。

14. ………… 炮9平5

15. 马三进五 炮5进4

16. 仕四进五 车4平6

17. 车四退二 象3进5

18. 车八进三

红方优势。

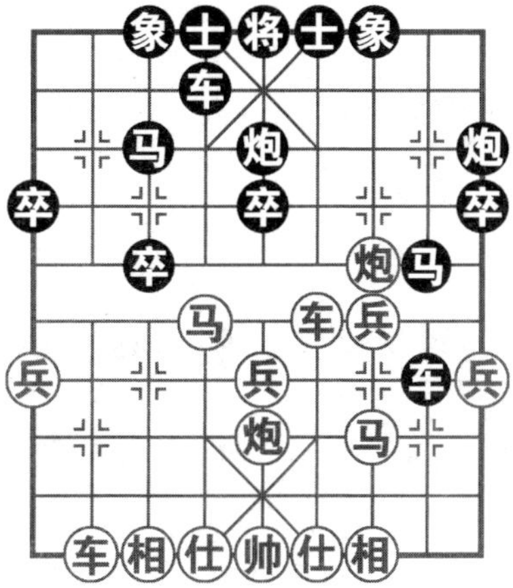

第二种走法:卒3进1

13. ………… 卒3进1

14. 马六进四 卒3进1 15. 车八进六 士6进5

黑方如改走马3进4,红方则车四平六,马4退2,车六进四,士6进5,车六退二,马2进3,车六平五,卒3进1,仕六进五,卒3平4,车五平三,红方有攻势占优。

16. 车八平六 …………

红方平车邀兑,是简明有力之着。

16. ………… 车4平2 17. 车六平七 炮9平6

18. 车四平六 车8平6 19. 马四进六 马8进9

20. 马三进一 车6平9 21. 炮三平七

红方优势。

图 44

第45局 红右横车对黑左车巡河(十八)

1. 炮二平五 马8进7 2. 马二进三 车9平8

3. 兵三进一 炮8平9 4. 马八进七 炮2平5

5. 车九平八 马2进3 6. 兵七进一 车1进1

7. 车一进一 车8进4 8. 车一平四 车1平4

黑方横车控肋,是力争主动的走法。

9. 炮八进三 …………

红方进炮骑河,防止黑方兑卒争先,是含蓄的走法。

9.·········· 车4进5

黑方如改走车8进2,红方则炮八退二,车8退2,炮八平七,卒7进1,以下红方有两种走法:

①车四进五,卒7进1,车四平三,马3退5,车三退二,炮9退1,马三进四,车4进4,炮五平三,车8平6,炮三进五,马5进7,相七进五,车4平6,车三平四,车6进1,车八进六,车6进3,黑方多子胜势。

②炮七进三,象3进1,车四进三,车4进3,车八进一,卒7进1,车四平三,车8平7,车三进一,车4平7,马三进四,炮9进4,车八平二,马3退2,车二进五,车7平6,车二退二,马2进4,炮七进一,车6平7,车二平一,炮9平7,仕六进五,红方易走。

10.车四进五　车4平3(图45)

如图45形势,红方有两种走法:车八进二和车四平三。现分述如下。

第一种走法:车八进二

11.车八进二　炮5平4

12.仕六进五　炮4进1

13.车四进二　士4进5

14.炮五平四　炮4退2

15.车四退二　炮4进2

16.车四进二　象3进5

17.炮四进一　车3退1

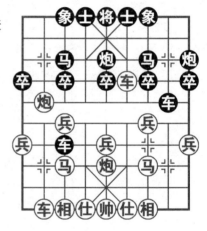

图45

黑方退车吃兵,准备一车换双。如改走炮4进3,则炮四平六,车3平4,相七进五,红方稳持先手。

18.相七进五　车3平7　　19.炮四进二　车8平6

20.车四退三　车7进2　　21.炮八进二　卒3进1

22.车八进四　··········

红方应改走炮八平九,这样更为紧凑、有力。

22.·········· 炮4平3　　23.车八平七　卒7进1

24.车四平六　马7进8　　25.车六进三　马8进7

26.马七进八　··········

红方进外马是随手之着,致使局势发生逆转。应改走马七进六,这样仍是红方易走。

26.………… 马7进5

黑方弃子占势易走。

第二种走法:车四平三

11.车四平三 …………

红方车吃卒压马,是改进后的走法。

11.………… 车8退2 12.车八进二 炮5退1

13.马三进四 卒3进1

黑方如改走炮5平7,红方则车三平四,马7进8,炮八平三,红方优势。

14.炮八进二 象7进5 15.兵三进一 炮5平7

16.车三平一 象5进7 17.马四进六 …………

红方利用黑方车、双马被牵制的弱点,硬是虎口跃马捉双,巧妙地谋得一车,扩大了优势。

17.………… 象7退5

黑方退象攻相,实属无奈之举。如改走马3进4(如车3平4,则马六进四),则炮八平二,红方得车,大占优势。

18.马六退七 炮7进8 19.仕四进五 炮7退3

20.仕五退四 炮7进3

黑方如改走炮7平3,红方则相七进九,红方多子,大占优势。

21.仕四进五 炮7平9 22.车一平三 后炮退2

黑方如改走卒3进1,红方则前马进五,卒5进1,帅五平四,卒5进1,兵五进一,也是红方优势。

23.炮八退一 车8进7 24.仕五退四 车8退2

25.车三退六 车8平7 26.后马退五 …………

红方一着回马金枪,迅速瓦解黑方攻势,精彩!

26.………… 车7进1

黑方如改走车7进2,红方则马五退三,炮9平7,兵七进一,炮7进9,帅五进一,象5进3,炮八平七,红方多子胜定。

27.炮五平一

红方多子胜势。

第46局 红右横车对黑左车巡河(十九)

1.炮二平五 马8进7 2.马二进三 车9平8

87

3. 兵三进一　炮8平9　　4. 马八进七　炮2平5

5. 车九平八　马2进3　　6. 兵七进一　车1进1

7. 车一进一　车8进4　　8. 车一平四　车1平4

9. 车四进五　…………

红方伸车卒林，威胁黑方左马，是力争主动的走法。

9. …………　卒3进1

黑方如改走车4进7，红方则车四平三，车8退2，兵三进一，炮5退1，车三平四，炮5平7，兵三进一，马7退5，车四退四，车8进2，相三进一，卒3进1，马三进四，车8平6，兵七进一，炮9平6，兵七进一，炮6进3，炮八进四，象7进5，车八进四，炮7平6，车八平七，红方胜势。

10. 车四平三　…………

红方如改走兵七进一，黑方则车8平3，车四平三，马7退9，马七进八，车3进1，炮八平七，车4平2，马八退九，车2进8，马九退八，炮9平6，炮七进五，炮6平3，炮五进四，士4进5，相三进五，车3退2，兵三进一，马9进7，炮五退一，车3平7，兵三进一，马7进5，兵三平四，马5进3，马三进四，马3进2，仕四进五，红方多兵占优。

10. …………　卒3进1

黑方弃马渡卒，已是箭在弦上，不得不发。如误走马7退9，则兵三进一，车8进4，兵七进一，车8平3，炮八进四，红方大占优势。

11. 车三进一　卒3进1　　12. 兵三进一　…………

红方如改走炮八进四，黑方则卒3进1，炮八平一，车8退1，炮一退一，马3退5，车三平四，卒3平4，炮五平四，炮5进4，炮四进三，炮5平7，炮四平三，炮7进3，仕四进五，炮7平9，炮一退五，炮9进7，帅五平四，马5进6，车八进六，士6进5，车八平五，车4进2，车五平六，士5进6，仕五进六，车8进6，帅四进一，车8退1，帅四退一，马6进7，黑方优势。

12. …………　车8进4

黑方如改走车8进2，红方则马七退五，车4进7，马三进四，车8平7，马五进三，炮9进4，仕六进五，炮9进3，炮八平六，卒3进1，炮五平七，炮5进4，炮六平五，象3进5，车八进三，车4平5，帅五平六，车5平6，车八平五，车7平5，马三进五，车6进1，帅六进一，车6退4，车三退一，红方多子占优。

13. 马七退五　车4进7（图46）

如图46形势，红方有两种走法：炮八平九和炮八进二。现分述如下。

第一种走法:炮八平九

14.炮八平九 ·············

红方平炮,嫌缓。

14.············ 车8退7

针对红方窝心马的弱点,黑方退车,准备攻击红方左翼,攻击点准确。

15.车八进六 车8平4

16.炮九退二 士4进5

17.相三进一 后车进6

黑方进车捉炮,击中红方要害,是争先的有力之着。

18.相一进三 炮9进4

黑方炮击边兵,是紧凑、有力之着。

19.车八平七 炮9进3 20.马五退三 后车平3

黑方胜势。

第二种走法:炮八进二

14.炮八进二 ·············

红方高巡河炮,准备右移攻击黑象,攻击点准确。

14.············ 士4进5 15.炮八平三 将5平4

16.相七进九 炮5平4

黑方卸炮,准备联象,与前面着法不连贯,系失利之症结所在。应改走马3进2,红方如兵三平四,黑方则士5进6,形成激烈对攻之势,黑方不乏进攻机会。

17.车三平二 ·············

红方献车催杀,巧妙谋得一车,可谓一锤定音,顿时令黑方难以招架。

17.············ 马3进2

黑方如改走车8退6,红方则炮三进五,将4进1,车八进八,红方速胜。

18.车二退六 炮4平2 19.车八平九 马2进4

20.马三进四 马4进2 21.炮三退三 ·············

红方先退炮打车,然后再炮轰底象。弈来秩序井然。

21.············ 车4退5 22.炮三进八 将4进1

23.马五进三 卒3进1 24.炮三退一 将4退1

25.炮三进一 将4进1 26.马四进五 炮9平5

27.车九平七　马2进3　　28.车二平七　⋯⋯⋯⋯⋯

红方右车捉马,是细腻之着。如误走车七进一,则车4进6,帅五进一,卒3进1,黑方反败为胜。

28.⋯⋯⋯⋯⋯　卒3进1　　29.车七进一

红方多子胜势。

第47局　红右横车对黑平车右肋

1.炮二平五　马8进7　　2.马二进三　车9平8

3.兵三进一　炮8平9　　4.马八进七　炮2平5

5.车九平八　马2进3　　6.兵七进一　车1进1

7.车一进一　车1平4

黑方车抢占肋道,另辟蹊径。

8.车一平四　车4进5(图47)

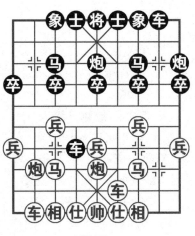

图47

黑方进车兵线,是横车右肋的续进着法。如改走车4进3,则车四进五,车8进2,炮八进五,卒7进1,炮八平五,象3进5,车八进七,卒7进1,车八平七,卒7进1,马三退五,士6进5,车七退一,炮9进4,兵七进一,车4进3,炮五平一,马7进8,车四进二,车8平6,车四退一,士5进6,相七进五,红方多子占优。

如图47形势,红方有三种走法:炮八平九、炮八进六和炮八进四。现分述如下。

第一种走法:炮八平九

9.炮八平九　⋯⋯⋯⋯⋯

红方平炮亮车,是"后中先"的走法。

9.⋯⋯⋯⋯⋯　车8进4

黑方如改走车4平3,红方则车七进二,炮5平4,车四平六,车3退1,兵五进一,炮4平5,炮九退一,炮5进3,仕六进五,炮5退1,炮九平七,车3平7,马七进五,炮5进3,车八平五,车7平5,车五平七,车8进6,车七进四,车8平5,马三进五,车5进1,帅五平六,士4进5,炮七进六,红方优势。

10.车四进五　车4平3　　11.车四平三　⋯⋯⋯⋯⋯

红方如改走车八进二,黑方则炮5平4,仕六进五,象7进5,炮五平四,卒7

进 1,炮四进一,车 3 退 1,相七进五,车 3 退 1,兵三进一,车 8 平 7,马三进四,士 4 进 5,炮九退二,炮 4 进 1,车四进二,炮 4 退 2,车四退二,炮 4 进 2,车四进二,车 3 平 2,车八进三,车 7 平 2,炮九平七,红方易走。

11.…………	车 8 退 2	12.马七退五	炮 9 退 1
13.兵三进一	炮 9 平 5	14.车三平四	卒 3 进 1
15.兵七进一	车 3 退 2	16.兵三进一	前炮进 4
17.车四退三	车 3 进 2	18.炮九平七	车 3 进 1
19.马三进五	车 3 退 1	20.兵三进一	车 8 平 7
21.前马进四	车 3 平 6	22.马四进三	

红方多子占优。

第二种走法:炮八进六

9.炮八进六　…………

红方进炮,开通车路,是攻守兼备之着。

9.…………	车 4 平 3	10.车八进二	车 3 退 1

11.车四进三　…………

红方进车邀兑,是抢先之着。

11.…………	车 3 平 6

黑方如改走卒 3 进 1,红方则马七进六,车 8 进 4,相七进九,车 3 进 1,车四进四,红方优势。

12.马三进四	车 8 进 4	13.马四进三	炮 9 进 4
14.马三进五	象 7 进 5	15.车八进五	车 8 退 3

16.兵三进一

红方优势。

第三种走法:炮八进四

9.炮八进四　…………

红方进炮卒林,也是一种走法。

9.…………	车 4 平 3	10.车八进二	车 3 退 1
11.马三进四	车 8 进 4	12.马四进五	马 7 进 5
13.炮五进四	士 6 进 5	14.相七进五	车 3 退 1
15.车四进五	车 8 平 6	16.车四平三	炮 9 进 4
17.马七进六	炮 9 平 7	18.马六进四	炮 7 退 3
19.兵三进一	车 3 平 5	20.炮五平一	炮 7 平 2

21.车八进四　马3进5　　22.炮一退一　马5进7

23.车八平七　炮5进4　　24.仕六进五　象3进5

双方均势。

第48局　红右横车对黑平车左肋（一）

1.炮二平五　马8进7　　2.马二进三　车9平8

3.兵三进一　炮8平9　　4.马八进七　炮2平5

5.车九平八　马2进3　　6.兵七进一　车1进1

7.车一进一　车1平6

黑方横车抢占左肋，是创新的着法。

8.马七进六　车8进4

9.马六进七　卒7进1（图48）

如图48形势，红方有两种走法：炮八平
七和炮五平七。现分述如下。

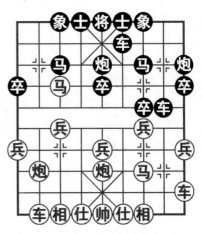

图48

第一种走法：炮八平七

10.炮八平七　炮5退1

11.兵三进一　车8平7

12.车八进七　…………

红方进车瞄马，主要是防止黑方右马跃
出助战。

12.…………　炮5平3　　13.车一平六　炮3进2

14.炮七进四　象3进1　　15.马三退一　车6进4

16.相七进九　马7进6　　17.车八平七　…………

红方平车吃马，不惧黑方退马打死车，是不甘示弱的走法。如改走车八退
二，则炮9平6，仕六进五，车7进4，马一进二，车7退2，黑方易走。

17.…………　马6退5　　18.车七平五　…………

红方如改走炮五进四，黑方则士6进5，车七平九，将5平6，黑方大占优势。

18.…………　象7进5　　19.车六进五　士6进5

20.仕六进五　车6进3　　21.车六平五　象1退3

黑方联象，是稳健的走法。

22.炮五平七　车6平9　　23.车五进一　炮9平7

24.相三进五　将5平6　　25.车五平七　车9平6

26. 后炮退一　车 6 退 2　　27. 前炮进三　将 6 进 1

28. 车七退一

黑方多子,红方有攻势,双方各有顾忌。

第二种走法:炮五平七

10. 炮五平七　…………

红方卸中炮,是创新的走法。

10. …………　炮 5 平 4　　11. 炮八进二　卒 7 进 1

12. 炮八平三　车 8 平 7　　13. 相七进五　马 7 进 8

14. 车八进一　车 7 平 6　　15. 仕六进五　炮 4 平 8

16. 车八平六　象 3 进 5　　17. 炮三平一　…………

红方炮三平一兑炮,是正确的选择。

17. …………　炮 9 进 3　　18. 兵一进一　后车平 7

19. 兵一进一　炮 8 平 9　　20. 马七退六　车 6 平 4

21. 炮七进五　炮 9 平 3　　22. 兵一平二　车 7 进 6

23. 车一进五　炮 3 平 4　　24. 车一平五　…………

红方弃马吃兵,是机警之着。

24. …………　炮 4 进 3　　25. 车五平九　炮 4 进 1

26. 车九平八　车 7 退 1　　27. 车八退一

和势。

第 49 局　　红右横车对黑平车左肋(二)

1. 炮二平五　马 8 进 7　　2. 马二进三　车 9 平 8

3. 兵三进一　炮 8 平 9　　4. 马八进七　炮 2 平 5

5. 车九平八　马 2 进 3　　6. 兵七进一　车 1 进 1

7. 车一进一　车 1 平 6　　8. 车八进一　…………

红方高车,着法含蓄。

8. …………　车 8 进 4(图 49)

如图 49 形势,红方有两种走法:车一平二和车一平四。现分述如下。

第一种走法:车一平二

9. 车一平二　…………

红方兑车,正着。如改走车八平四,则车 6 进 7,车一平四,卒 7 进 1,车四进五,卒 7 进 1,车四平三,车 8 退 2,马七进六,炮 5 退 1,车三退二,炮 5 平 7,车三平四,象7进5,炮五平七,车8进2,相七进五,炮7进6,炮七平三,卒3进1,炮八平七,马3进4,车四平三,马7进6,兵七进一,马6进5,车三进三,马4进6,车三平一,马6进7,双方均势。

9.………… 车6平8

黑方如改走车8平4,红方则车八平六,车4进4,车二平六,车6进3,车六进七,车6平2,马三进四,卒3进1,车六退四,炮5退1,相七进九,卒3进1,车六平七,炮5平3,马四进五,马3进5,马七进八,车2平6,车七进四,象7进5,车七平三,红方优势。

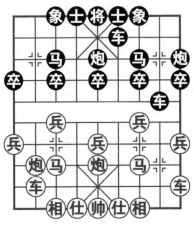

图 49

10.车二平四 …………

红方亦可改走车二进四,黑方如车8进3,红方则炮八进三,炮9退1,马七进六,车8平4,炮八退一,卒7进1,炮五平六,车4平2,兵三进一,车2平7,相七进五,炮9平7,炮八进三,卒3进1,兵七进一,车7平3,炮八平五,象7进5,车八进三,士6进5,双方平稳。

10.…………	卒7进1	11.车四进三	车8平4
12.炮八进三	车8进2	13.兵七进一	卒3进1
14.炮八平三	马7进8	15.车八平四	炮9退2

黑方退炮,正着。

| 16.前车进一 | 象3进1 | 17.前车进二 | ………… |

红方应以改走仕四进五为宜。

17.…………	车4进6	18.马七进八	车4退2
19.马八进七	象1退3	20.后车进四	士4进5
21.前车平二	车4平7	22.炮三平七	马8退7

黑方回马巧兑车,由此反夺主动权。

| 23.车二退四 | 马7进6 | 24.炮七进二 | 车7进2 |

黑方先手。

第二种走法:车一平四

9.车一平四 车8平6

黑方如改走车6进7,红方则车八平四,卒3进1,马七进六,卒3进1,马六

94

进四,马7退5,红方无便宜可占。

10.车四进四　车6进3　　11.马七进六　车6平4

12.炮八进二　卒7进1　　13.炮五平六　车4平2

14.兵三进一　车2平7　　15.相七进五　马7进6

黑方马7进6,是稳健的走法。如改走马7进8,则车八平四,马8进9,车四进四,车7进2,炮八退一,炮5进4,马三进五,车7进5,炮八平一,炮9进4,马六进七,车5平3,仕四进五,炮9平1,车四平八,车3平7,车八进二,炮1平5,帅五平四,车7退4,双方各有顾忌。

16.马六进七　炮9平7　　17.马七进五　象7进5

18.马三进四　炮7平6　　19.炮六平七　…………

红方平炮,牵制黑方3路马,正着。

19.…………　炮6进3　　20.炮八平四　…………

红方兑炮,是正确的选择。如改走炮七进五打马,则炮6进1,形成黑方车马炮对红方车双炮的局面,黑方兵种较好,易走。

20.…………　马3进4　　21.炮四平五　马4进3

22.车八进四

红方稍优。

第二节　红平边炮变例

第50局　红平边炮对黑平车右肋(一)

1.炮二平五　马8进7　　2.马二进三　车9平8

3.兵三进一　炮8平9　　4.马八进七　炮2平5

5.车九平八　马2进3　　6.兵七进一　车1进1

7.炮八平九　…………

红方平炮亮车,开动左翼主力,是一种稳健的走法。

7.…………　车1平4

黑方横车右肋,准备攻击红方左马,是常见的走法。

8.车八进六　…………

红方进车过河,是力争主动的走法。

8.…………　车4进5

黑方车 4 进 5 进车兵线，是较为激烈的走法。

9. 马七进八 ⋯⋯⋯⋯⋯

红方跃马出击，是此变例中常用的战术手段。这里另有两种走法：

①车八平七，炮 5 退 1，马三进四，车 4 平 3，马七退五（如马四进六，则炮 5 平 3，黑方占优势），炮 5 平 3，车七平六，士 6 进 5，马五进三，车 3 退 1，黑方优势。

②炮五平四，车 4 平 3，相七进五，卒 5 进 1，车八平七，卒 5 进 1，兵五进一，马 7 进 5，黑方易走。

9. ⋯⋯⋯⋯⋯ 车 4 平 3

黑方平车捉相，是对攻性较强的走法。如改走车 4 平 1，则炮九平七，车 1 平 3，炮五退一，车 8 进 8，马三进四，车 8 退 4，兵七进一，卒 3 进 1，炮五平七（如马四退五，则炮 5 进 4，兵一进一，车 8 进 2，炮五进二，车 8 平 5，车一平二，马 7 退 5，车二进七，炮 9 进 3，仕六进五，车 3 退 1，车二退三，炮 9 平 7，黑方多卒，占优势），车 3 平 5，相七进五，马 7 退 5，马四进三，炮 9 平 7，车一进一，红方子力灵活占优。

10. 炮九平七 车 8 进 4

黑方升巡河车富于弹性，是目前实战中流行的走法。

11. 炮五退一（图 50） ⋯⋯⋯⋯⋯

红方退窝心炮，准备平七路威胁黑方过河车，是灵活有力的走法。

如图 50 形势，黑方有两种走法：卒 7 进 1 和马 3 退 5。现分述如下。

第一种走法：卒 7 进 1

11. ⋯⋯⋯⋯⋯ 卒 7 进 1

黑方兑 7 路卒，实战效果欠佳。

12. 兵七进一 ⋯⋯⋯⋯⋯

红方弃兵，可抢先在黑方右翼打开缺口，掌握局面主动权，好棋！这里另有两种走法：

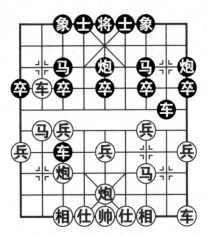

图 50

①兵三进一，车 8 平 7，相三进五，马 7 进 6，车一平二，马 6 进 4，炮五平三，炮 5 进 4，仕四进五，炮 5 平 7，马三退一，炮 7 平 1，炮七退一，炮 9 平 5，黑方优势。

②炮五平七，车 3 平 2，兵七进一，马 3 退 1，车八进二，卒 7 进 1，兵七进一，士 4 进 5，前炮进七，炮 9 退 1，车八进一，卒 7 进 1，车一进一，马 1 退 3，车一平

六,士 5 退 4,炮七进八,将 5 进 1,兵七进一,卒 7 进 1,兵七平六,炮 5 进 4,兵六进一,将 5 平 6,炮七退一,将 6 进 1,车八退二,象 7 进 5,车八退一,车 8 平 6,车八平五,炮 9 平 3,兵六平七,卒 7 平 6,黑胜。

　　12. …………　卒 7 进 1

　　黑方如改走马 7 进 6,红方则兵七进一,车 8 进 4,兵七进一,马 6 进 4,兵七平六,马 4 进 2,车一进一,车 8 平 9,马三退一,炮 9 平 4,炮五进五,士 4 进 5,车八平七,车 3 平 5,炮七平五,马 2 进 4,帅五进一,象 3 进 1,马八进六,红方多子较优。

　　13. 兵七进一　…………

　　红方如改走炮五平七,黑方则车 3 平 2(如马 3 退 1,则车八平九,车 3 平 2,马八进六,红方主动),兵七进一,马 3 退 1,车八进二,卒 7 进 1(如士 4 进 5,则车一进一,卒 7 进 1,前炮进七,炮 9 退 1,车八进一,车 8 平 4,前炮平四,士 5 退 4,马八进六,车 2 退 1,马六进五,象 7 进 5,炮四平一,车 2 进 4,马三退五,车 2 平 3,车一平二,炮 9 平 4,炮七平八,马 7 进 8,车二进三,炮 4 平 7,炮八进二,车 3 平 7,马五进七,卒 7 进 1,马七进六,卒 7 平 6,相三进一,炮 7 平 8,车二平三,车 7 进 1,相一进三,马 8 进 6,仕四进五,卒 6 平 7,车一退一,士 4 进 5,相七进五,红方优势),前炮进七,士 4 进 5,前炮平九,炮 9 退 1,车八进一,士 5 退 4,兵七平六,马 1 进 3,车八退一,士 4 进 5,车八进一,士 5 退 4,车八退二,将 5 进 1,兵六进一,卒 7 进 1,兵六平五,象 7 进 5,车八平七,车 2 退 1,车一进二,红方易走。

　　13. …………　马 3 退 5　　14. 炮五平七　车 3 平 2
　　15. 前炮进七　马 5 退 3　　16. 炮七进八　士 4 进 5

　　17. 车一进一　…………

　　红方亦可改走炮七平九,黑方如炮 5 平 2,红方则兵七进一,红方攻势强大。

　　17. …………　卒 7 进 1　　18. 车一平六　…………

　　红方应走炮七平九,黑方则卒 7 进 1(如炮 5 平 2,则兵七进一),车八进三,士 5 退 4,车一平六,炮 5 平 4,兵七进一,红方胜势。

　　18. …………　炮 5 平 2　　19. 炮七平九　车 8 平 3

　　20. 马三退五　…………

　　红方退马嫌缓,不如改走车六进七紧凑,黑方如卒 7 进 1(如炮 9 退 1,则车六退五,黑方崩溃),红方则马八进九,车 2 退 3,马九进八,士 5 进 4,马八进六,炮 2 退 2,马六退八,红胜。

　　20. …………　车 3 进 1　　21. 马八进九　车 2 退 3
　　22. 兵七平八　炮 2 平 5　　23. 车六进四　炮 5 进 4

24.马五进六　象7进5

黑方应改走车3退3,较为顽强。

25.兵八进一　士5进4　　26.兵八平七　士6进5

27.车六平八　将5平6　　28.车八进四　将6进1

29.车八平三

红方大占优势。

第二种走法:马3退5

11.…………　　马3退5

黑方退马,先避一手,是改进后的走法。

12.车一进一　…………

红方如改走兵七进一,黑方则车3平2,炮七平五,卒3进1,前炮进四,马7进5,炮五进五,卒3进1,相三进五,车2退1,车八退二,卒3平2,兵五进一,卒9进1,车一平二,车8进5,马三退二,炮9进1,炮五平一,马5进7,炮一平九,马7进5,炮九平三,炮5进3,仕四进五,卒9进1,和势。

12.…………　　车8平4　　13.炮五平七　车3平2

14.相三进五　炮5平2　　15.兵七进一　车4进1

16.兵七进一　车2退1　　17.前炮进七　马5退3

18.炮七进八　士4进5　　19.车八退二　车4平2

20.炮七平九　炮2退1　　21.车一平七　车2退3

22.马三进四　车2平1　　23.炮九平七　炮9退1

24.车七平八　车1平4

双方各有顾忌。

第51局　红平边炮对黑平车右肋(二)

1.炮二平五　马8进7　　2.马二进三　车9平8

3.兵三进一　炮8平9　　4.马八进七　炮2平5

5.车九平八　马2进3　　6.兵七进一　车1进1

7.炮八平九　车1平4　　8.车八进六　车4进5

9.马七进八　车4平3　　10.炮九平七(图51)　…………

如图51形势,黑方有三种走法:车8进1、炮5退1和车8进8。现分述如下。

第一种走法:车8进1

10.…………　　车8进1

黑方高车,准备策应右翼。

　11.车一进一　·············

　红方如改走仕四进五,黑方则马3退1,车八平七(如车八进三,则卒3进1,兵七进一,车3退2,车一平二,车8进8,马三退二,炮5平3,炮七进五,马1进3,车八退一,士6进5,炮五平七,象3进5,马二进三,卒7进1,双方均势),车8平2,马三进四,车2进3,车一进二,士4进5,车一平四,炮9进4,车七平九,车3平1,车九退三,炮9平1,马八退九,炮5进4,双方各有千秋。

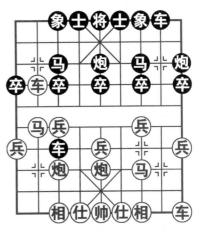

图51

　11.·············　车8平6

　12.车一平六　车6进3

　13.车六进三　士6进5　　14.车八平七　车6平2

　15.兵七进一　车3退2　　16.车七退一　车2平3

　17.炮五退一　马3退1　　18.炮五平七　车3平2

　19.车六平七　象3进1　　20.后炮平八　车2平6

　21.相三进五

　红方优势。

第二种走法:炮5退1

　10.·············　炮5退1　　11.车一进一　车8进4

　12.炮五退一　·············

　红方退炮,好棋。

　12.·············　卒7进1　　13.兵七进一　马3退1

　14.车八平九　车3退1　　15.兵三进一　车8平7

　16.车九退二　·············

　红方退车保马,正确!黑方不敢吃马,否则被红方飞相打双车。

　16.·············　象3进5　　17.相三进五　车3平4

　18.兵七进一　·············

　红方吃卒,正着。如改走炮五平三,则车7平3,炮三进六,马1进2,黑不难走。

　18.·············　马7进8　　19.炮五平三　车7平2

99

20.炮七进二　炮9退1

黑方应改走炮5平2为宜。

21.炮三平八　车2平3　　22.马八进九　…………

红方进边马踩车,展开攻势,黑方已难招架。

22.…………　车3退1　　23.炮八进八　车3退3

24.车一平八

红方优势。

第三种走法:车8进8

10.…………　车8进8　　11.炮五退一　…………

红方如改走仕六进五,黑方则卒3进1,炮五平六,卒3进1,炮六退一,车8退4,炮六平七,炮5进4,相七进五,车3平2,马三进五,车2平5,后炮进三,马3退5,车八进二,车5平3,车八平六,马5进6,马八进七,士4进5,后炮平八,车3平2,炮七进五,炮9退1,车六退六,马6进5,车六平七,车2退6,马七进九,车2进2,车七进五,车2进5,炮七平九,红方攻势强大。

11.…………　卒5进1

黑方如改走炮5退1,红方则相三进五,卒5进1,车八平七,马7进5,车七平六,象3进5,兵七进一,车3退2,炮七进五,车3退2,马三进四,车3平4,车六进一,炮9平4,马四进五,炮5进2,马八进六,士6进5,兵五进一,炮5进2,炮五进三,卒5进1,马六进四,炮4平1,马四退五,炮1进4,黑方稍好。

12.车八平七　炮5退1　　13.马三进四　卒5进1

14.兵五进一　车8平6　　15.马四进三　…………

红方如改走炮五平七,黑方则马3退5,马四进三,车6平2,炮七平五,车2退3,马三进一,象7进9,车七平三,车3平5,车一进二,车2平3,车一平四,车3平4,车四进六,车4平3,仕四进五,马5进4,兵五进一,马4进2,兵五平六,士4进5,车四退五,车5退1,车四平六,双方各有顾忌。

15.…………　马3进5　　16.兵五进一　炮9进4

17.车七平六　象3进1　　18.炮五进五　马7进5

19.仕六进五　炮9平5　　20.相七进五　后炮平6

21.马三进四　马5退6　　22.车一进三　车6退3

23.马八进七

红方大占优势。

第52局　红平边炮对黑平车右肋（三）

1. 炮二平五　马8进7　　2. 马二进三　车9平8
3. 兵三进一　炮8平9　　4. 马八进七　炮2平5
5. 车九平八　马2进3　　6. 兵七进一　车1进1
7. 炮八平九　车1平4　　8. 车八进六　车4进5
9. 马七进八　车4平2

黑方平车，牵住红方车、马，是稳健的走法。

10. 炮九平七　…………

红方平炮助攻，是较为新颖的着法。

10. …………　车8进4

11. 炮七进四（图52）　…………

红方以炮击卒，先得实惠。

如图52形势，黑方有三种走法：象3进
1、马3退1和马7退5。现分述如下。

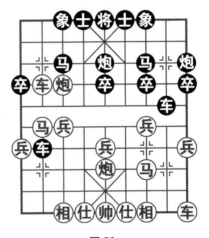

图52

第一种走法：象3进1

11. …………　　象3进1

黑方飞象，嫌软。

12. 炮七平三　士6进5

13. 兵七进一　…………

红方弃兵，以便亮右车，并乘机展开攻势，是抢先之着。

13. …………　车8平3　　14. 车一平二　…………

红方开出直车，准备弃子抢攻，着法凶悍。

14. …………　车3进1　　15. 炮三进三　车2退1

16. 车八退二　车3平2　　17. 兵三进一　…………

红方进兵制马，正着。

17. …………　车2平7　　18. 车二进二

红方弃子有攻势，易走。

第二种走法：马3退1

11. …………　　马3退1

黑方退马捉车，是不甘落后的走法。

12. 车八进二　卒7进1　　13. 车八平九　车2退1

101

14. 车九平七　·············

红方应改走车九平三,黑方如车2平3,红方则车三退一,车3退2,兵三进一,车8进2,兵三平四,炮5平3,相七进九,象3进5,车三退三,炮3平2,车三平八,车8平7,车一进二,炮9平7,马三退一,车7平5,兵四进一,红方优势。

14. ············　士4进5

黑方弃象,补士挡住红车,是反夺主动权的巧妙之着。如改走象3进1,则车七平三,红不难走。

15. 炮七进三　车2退5　　16. 车七退三　·············

红方退车骑河,拴链黑方车、卒,使自身局势更趋被动。不如改走兵三进一,车8平7,车一进二,坚守为宜。

16. ············　卒7进1　　17. 车七平二　马7进8

18. 车一平二　车2平3　　19. 车二进五　卒7进1

20. 马三退二　车3进5　　21. 炮五退一　·············

红方如改走炮五进四,黑方则车3退2,炮五退二,车3进3,也是黑方易走。

21. ············　炮9进4　　22. 马二进一　炮9平5

23. 相三进五　车3进1　　24. 车二平八　·············

红方平车,是无奈之着。如改走炮五进二(如马一进三,则前炮进2),则炮5进4,仕四进五,炮5平1,黑方多卒胜势。

24. ············　卒7进1　　25. 马一进二　卒7平6

26. 车八平四　前炮进2　　27. 仕四进五　卒6平5

黑方平卒破相,毁去红方藩篱,是简明有力的取胜之着。

28. 相七进五　车3平1

黑方胜势。

第三种走法:马7退5

11. ············　马7退5

黑方退马窝心,是改进后的走法。

12. 车一进一　·············

红方如改走炮五平七,黑方则炮5进4,马三进五,炮9平5,黑方反夺主动权。

12. ············　马3退1　　13. 车八进二　炮9退1

14. 车八进一　·············

红方如改走炮七进二,黑方则马5进3,炮七平九,士6进5,车八退二,马3

退1,车八进一,炮5平6,炮五平七,象7进5,车八进二,马1进3,炮七进五,炮6平3,相三进五,炮3平1,车八退三,卒1进1,兵七进一,炮1进4,兵七进一,车8进3,马三进四,炮1平5,仕六进五,炮5退1,黑方优势。

14.…………	马5进3	15.炮七进三	将5进1
16.车八平九	车2退1	17.车一平四	炮9平6
18.车四进六	车2退5	19.车九平八	马3退2
20.炮七退三	马2进3	21.炮七平三	炮6平7
22.仕四进五	炮7进4	23.帅五平四	…………

红方应改走相三进一捉炮,较为顽强。

23.…………	车8平7	24.炮三平二	炮7平4
25.车四进一	将5退1	26.车四进一	将5进1
27.车四退一	将5退1	28.炮二进三	象7进9

黑方多子占优。

第53局 红平边炮对黑平车右肋(四)

1.炮二平五	马8进7	2.马二进三	车9平8
3.兵三进一	炮8平9	4.马八进七	炮2平5
5.车九平八	马2进3	6.兵七进一	车1进1
7.炮八平九	车1平4	8.车八进六	车4进5
9.马七进八	车4平2(图53)		

如图53形势,红方有两种走法:车八进二和炮五平七。现分述如下。

第一种走法:车八进二

10.车八进二 …………

红方进车,准备马踏边卒,摆脱牵制。

10.………… 车8进4

黑方如改走马7进5,红方则车一进一,炮9退1,车八退二,炮5平6,马三进四,象7进5,马四进五,车2平5,马五进七,马5进3,车一平四,士6进5,车八平七,炮9平6,车四进六,士5进6,车七进一,士6退5,双方对峙。

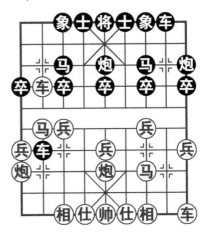

图53

11.马八进九　车2退5　　12.马九进八　卒7进1

黑方如改走士4进5,红方有两种走法:

①车一平二,车8进5,马三退二,炮5进4,仕四进五,卒5进1,马二进三,卒5进1,马八退七,马7进5,马三进五,卒5进1,炮五进四,马3进5,炮九平一,和势。

②马八退七,卒7进1,兵三进一,车8平7,车一进二,车7进1,炮五平七,车7平3,马七进五,炮9平5,炮七进五,车3退3,相三进五,马7进6,车一退一,双方均势。

13. 兵三进一　……………

红方亦可改走马八退六,黑方如将5进1,红方则车一进一,卒7进1,车一平八,炮9退1,兵七进一,卒3进1,炮五平七,车8平6,车八平二,马7进8,炮七进五,炮5平3,车二进四,车6平8,马六退四,将5退1,马四退二,红方多子占优。

13.……………　车8平7　　14.马八退六　将5进1
15.车一平二　将5平4　　16.炮五平六　……………

这里,红方另有两种走法:

①兵七进一,卒3进1,炮五平六,车7平4,仕四进五,马7进6,车二进五,炮9平4,车二平四,炮4进5,车四平六,马3进4,仕五进六,卒3进1,炮九退一,马4进3,炮九平一,卒3平4,炮一进五,卒4进1,仕六退五,卒4平5,黑方优势。

②炮九平六,将4进1,炮六退一,炮5平6,车二进二,马7进6,车二进五,将4平5,马三进四,马6退7,车二进一,车7平6,马四退三,车6平4,炮六平三,马7进8,兵五进一,将5平4,仕四进五,士4进5,炮五平六,车4平6,马三进二,形成黑方多子、红方有攻势,双方各有顾忌的局面。

16.……………　将4进1　　17.马三进四　将4退1
18.车二进八　士4进5　　19.马四进六　炮5平4
20.马六退四　炮4平6　　21.马四进六　炮6平4
22.马六退四　炮4平6　　23.马四进六　炮6平4
24.马六进七　车7平4

黑可抗衡。

第二种走法:炮五平七

10.炮五平七　……………

红方炮五平七,是创新的着法。

10. ··········	车8进4	11. 相三进五	士6进5
12. 仕四进五	马3退1	13. 车八平九	车2退1
14. 车九进二	炮5平4	15. 炮七进四	卒7进1
16. 兵三进一	车8平7	17. 车一平二	象7进5
18. 炮九平七	车2退1	19. 前炮进一	士5退6
20. 兵九进一	士4进5	21. 车九进一	士5退4
22. 车二进八	士6进5	23. 车九退一	马7进6
24. 车九平六	士5退6	25. 马三进二	

红方胜势。

第54局　红平边炮对黑平车右肋（五）

1. 炮二平五	马8进7	2. 马二进三	车9平8
3. 兵三进一	炮8平9	4. 马八进七	炮2平5
5. 车九平八	马2进3	6. 兵七进一	车1进1
7. 炮八平九	车1平4		

8. 车八进六（图54）··········

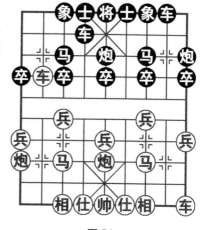

图54

如图54形势,黑方有三种走法:车4进7、车4进3和炮5退1。现分述如下。

第一种走法:车4进7

8. ·········· 　　车4进7

黑方肋车进占下二路,是寻求变化的走法。

9. 仕四进五　　炮5退1

黑方退炮,是灵活的走法。如改走车4平3,则马七进八,车3进1,炮五平七,车3平2,兵七进一,车8进4,兵七进一,车8平3,兵七进一,车3进3,马八退七,车2退6,兵七平六,车2进4,炮九进四,卒7进1,马三进四,车2平3,兵六平五,卒7进1,马四进三,炮9平5,马三进五,象7进5,车一进二,车3平9,相三进一,卒7平6,炮九平八,卒9进1,黑方易走。

10. 马七进八　　··········

红方如改走车一平二,黑方则车8进9,马三退二,车4退4,炮五平三,卒7进1,炮三进三,马7进8,马二进三,象7进5,炮三进一,卒3进1,兵七进一,车

4平3,双方平稳。

10.··········	卒7进1	11.兵三进一	炮5平7
12.马三进四	炮7进3	13.车八平七	炮7平6
14.炮九平六	炮6退1	15.车七退一	车8进5
16.马四进三	车8退2	17.车七平三	车4平2
18.马八退七	象3进5	19.车三退一	士4进5
20.炮五平三	车2退4	21.相三进五	炮9退1
22.马七进六			

红方易走。

第二种走法:车4进3

8.··········	车4进3	9.车八平七	炮5退1
10.兵七进一	车4平8	11.马七进六	炮5平3
12.马六进五	··········		

红方马踩中卒,施展弃子抢先战术,颇具胆识。

12.··········	马3进5

黑方如改走炮3进2,红方则马五进三,士4进5,兵七进一,后车进2,前马退五,红方一车换双后,多兵占优。

13.车七进二	象7进5	14.车一进一	士6进5
15.炮九进四	前车平3	16.车七退三	马5进3
17.炮九进三	车8进4	18.车一平六	车8平6
19.车六平二	马3进2	20.车二进六	马2进4
21.帅五进一	将5平6	22.帅五平六	马4进2
23.车二平一			

红方多子占优。

第三种走法:炮5退1

8.··········	炮5退1

黑方退炮,意在避开红方车八平七的先手。

9.马三进四	··········

红方跃马河口,力争主动。如改走仕四进五,则车4进3,炮五平四,车4平6,炮四平六,车6平4,相三进五,卒7进1,兵三进一,车4平7,马七进六,红方易走。

9.··········	车8进4

106

黑方亮车巡河,是稳健的走法。如改走车8进5,则马四进三,车8平7,马三进一,象7进9,车八进一,车7平3,车八平七,车3进2,车七平三,炮5进5,仕四进五,士4进5,帅五平四,炮5平3,车一进二,炮3进3,帅四进一,炮3退1,帅四退一,炮3进1,帅四进一,车3平1,车一平四,将5平4,炮五平六,车4平2,车三平六,将4平5,车六退一,炮3退1,帅四退一,象9退7,车六平七,象3进5,车七退五,红方多子胜势。

10.炮五平四　卒7进1　　11.兵三进一　车8平7

12.相三进五　车4进1　　13.车一平三　车7进5

14.相五退三　卒9进1　　15.相七进五　炮5平7

16.车八退五　马7进9　　17.车八进四　象3进5

18.车八平四　士4进5　　19.马四退二　炮7进5

20.炮四平三　车4进4　　21.车四退二　炮7退4

22.马七进八　车4退2　　23.马八进七　马9进7

24.马二进三　炮7进5　　25.马三进四　士5进6

26.炮九平三

红方易走。

第55局　红平边炮对黑平车右肋(六)

1.炮二平五　马8进7　　2.马二进三　车9平8

3.兵三进一　炮8平9　　4.马八进七　炮2平5

5.车九平八　马2进3　　6.兵七进一　车1进1

7.炮八平九　车1平4　　8.车八进五 ·············

红方进车骑河,控制黑方河口,是创新的走法。

8.············　车4进5　　9.兵三进一 ·············

红方进兵邀兑,佳着。

9.············　卒7进1　　10.车八平三　车4平3

11.马七退五(图55) ·············

红方如改走车三进二,黑方则车3进1,仕四进五,车3进2,马三进四,车3退2,炮九退二,卒3进1,马四进五,车3进5,炮五进四,炮5进4,帅五平四,车8进3,车三平四,炮9退2,炮五退一,车8进1,炮五进一,车8平5,炮五退三,车5进2,炮九进六,卒3进1,车四退一,士4进5,黑方优势。

如图55形势,黑方有两种走法:马3退5和车8进2。现分述如下。

第一种走法：马3退5

11.…………　马3退5

黑方如改走马7退5,红方则车一进一,红方先手。

12.炮九进四　卒3进1

13.车三平七　车3平1

14.炮九平八　卒9进1

15.兵一进一　车1平2

16.炮八平九　象3进1

黑方应改走车2退3捉炮为宜。

17.车七平三　炮9退1

18.车一进三　炮9平7

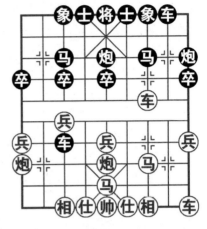

图55

19.车三平一　马7进8　　20.后车平四　马5进7

21.车四进五　炮7平9　　22.车一进三　马7退9

23.车四平一　士4进5　　24.车一平三　车8进2

25.车三退三　…………

红方退车,准备右车左移,佳着。

25.…………　象7进9　　26.车三平六　马8进7

27.车六进一　卒5进1　　28.炮五进三　车8进2

29.马五进六　马7退9

黑方应改走车2平4,车六退三,车8平5,争取和棋较为明智。

30.仕六进五　马9进8　　31.炮九退四　马8退7

32.炮五进一　车2退2　　33.炮九平六

红方大占优势。

第二种走法：车8进2

11.…………　车8进2

黑方升车保马,是改进后的走法。

12.马三进四　车3退1　　13.马四进六　车3退1

14.马五进三　炮9退1　　15.车一平二　车8进7

16.马三退二　炮5进4　　17.仕四进五　象3进5

18.车三进二　车3平4　　19.马二进三　车4平5

20.车三进一　炮9进1　　21.车三平四　士4进5

22.车四退五 炮5退1 23.马三进五 卒3进1

24.炮五进二 车5进1 25.炮九平五 车5平4

26.车四进三 炮9进4 27.相三进一 炮9平1

黑方多卒占优。

第56局 红平边炮对黑左车巡河

1.炮二平五 马8进7 2.马二进三 车9平8

3.兵三进一 炮8平9 4.马八进七 炮2平5

5.车九平八 马2进3 6.兵七进一 车1进1

7.炮八平九 车8进4

黑方高车巡河,是稳健的选择。

8.车一平二 ……………

红方出车邀兑,是针锋相对之着。如改走车八进六,则卒3进1(如车1平8,则炮五退一,卒3进1,炮五平七,卒3进1,炮七进三,前车平3,相七进五,马3进4,车八平六,马4进3,炮九进四,炮5平3,炮九平七,象3进5,车一进一,士6进5,马三进四,车8进3,马四进六,马3进5,相三进五,车8平4,车六退一,车3平4,后炮进三,车4退2,前炮平五,象7进5,车一平二,红方优势),车八平七,卒3进1,车七退二,炮5退1,马七进六,卒7进1,炮五平七,炮5平3,车七平八,卒7进1,车一平二,卒7进1,车二进五,马7进8,马三退五,炮3进6,马五进七,马3进4,车八进一,马8进6,黑方优势。

8. …………… 车8进5

黑方如改走车1平8,红方则车二进五,车8进3,炮五退一,车8平4(如卒3进1,则兵七进一,车8平3,车八进二,红方稍优),车八进六,炮5退1,兵五进一,红方优势。

9.马三退二(图56) …………

如图56形势,黑方有两种走法:车1平4和车1平8。现分述如下。

第一种走法:车1平4

9. …………… 车1平4 10.马二进三 车4进3

11.车八进六 …………

红方亦可改走炮五退一,黑方如卒3进1,红方则兵七进一,车4平3,车八进二,炮5退1,炮五平七,车3平4,车八进五,车4进4,炮七进六,车4退6,炮九进四,车4平3,炮九平三,炮5平3,车八平七,炮9平3,马七进六,后炮进8,

帅五进一,象7进5,马三进四,卒5进1,马六进七,卒9进1,马七退五,士6进5,相三进五,前炮平6,马五退七,红方优势。

　　11.⋯⋯⋯⋯　炮5退1

　　12.兵五进一　⋯⋯⋯⋯

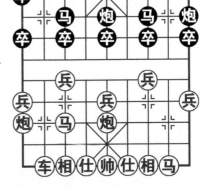

图56

红方冲中兵,是针锋相对的走法,可以防止黑方中炮的反击。

　　12.⋯⋯⋯⋯　炮5进4

　　13.马七进五　卒5进1

　　14.车八平七　马7进5

　　15.炮九进四　⋯⋯⋯⋯

红方炮打边卒,含蓄有力,甚是巧妙!如稍迟缓,被黑方争得炮9平5后,红方反将陷入被动局面。

　　15.⋯⋯⋯⋯　马3进1　　16.炮五进二　卒5进1

　　17.车七平五　炮9平5　　18.车五退二　车4进2

　　19.仕四进五　马1进2

黑方如改走炮5退1,红方则帅五平四,象3进5,车五平四,炮5进5,车四进五,将5进1,车四退六,黑方也难抗衡。

　　20.相三进五　马2进3　　21.车五进二　士4进5

　　22.马五进四　炮5平4　　23.兵九进一　象7进5

黑方如改走炮4进7打仕,红方则车五平八,炮4退1,车八退五,马3退4,马三进四,黑方要失子。

　　24.车五平三

红方优势。

第二种走法:车1平8

　　9.⋯⋯⋯⋯　车1平8　　10.马二进三　车8进3

　　11.炮五退一　⋯⋯⋯⋯

红方退炮,是调整阵形的灵活走法。

　　11.⋯⋯⋯⋯　炮5退1

这里,黑方另有两种走法:

①象3进1,相七进五,卒7进1,兵三进一,车8平7,马七退九,车7平6,炮五平三,马7进8,炮三进八,士6进5,仕六进五,红方易走。

②卒 3 进 1,兵七进一,车 8 平 3,车八进二,红方稍优。

12. 车八进八	卒 3 进 1	13. 炮五平七	卒 3 进 1
14. 炮七进三	象 7 进 5	15. 相七进五	卒 7 进 1
16. 马七进六	卒 7 进 1	17. 车八平六	炮 5 平 8
18. 马六进七	卒 7 进 1	19. 马三退五	士 4 进 5
20. 车六退六	象 5 进 3	21. 马五进七	炮 9 进 4
22. 仕六进五	卒 7 进 1	23. 后马进八	卒 7 进 1
24. 马八进九	马 3 进 1	25. 炮九进四	象 3 退 1
26. 帅五平六			

红方优势。

第三节 红右马盘河变例

第57局 黑右横车对红右马盘河

1. 炮二平五	马 8 进 7	2. 马二进三	车 9 平 8
3. 兵三进一	炮 8 平 9	4. 马八进七	炮 2 平 5
5. 车九平八	马 2 进 3		
6. 兵七进一	车 1 进 1		

7. 马三进四(图 57)∙∙∙∙∙∙∙∙∙∙∙

红方进马,控制河口。

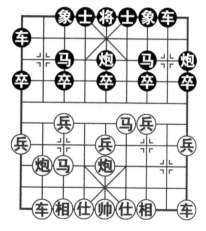

图 57

如图 57 形势下,黑方有两种走法:车 1 平 4 和车 8 进 4。现分述如下。

第一种走法:车 1 平 4

7. ∙∙∙∙∙∙∙∙∙∙∙ 车 1 平 4

8. 仕四进五 ∙∙∙∙∙∙∙∙∙∙∙

红方补仕嫌缓,不如改走马四进三为宜。

8. ∙∙∙∙∙∙∙∙∙∙∙ 车 8 进 4

9. 炮五平四 卒 7 进 1

黑方兑卒活马,正着。如改走卒 3 进 1,则兵七进一,车 8 平 3,相三进五,马 3 进 2,炮八退一,炮 5 平 3(如车 4 进 7,则炮四退一,车 4 退 5,炮八平七,车 3 进 3,车八进五,红方局势稍好),炮八平七,马 2 进 3,车八进四,红方略优。

10. 兵三进一　　车8平7　　11. 相三进五　　卒5进1

12. 炮八进三　　车7进2　　13. 炮八退二　　车7退2

14. 炮八进二　　车7进2　　15. 炮八退二　　车7退2

16. 车一平二　　卒3进1

黑方弃卒,展开反击。

17. 兵七进一　　卒5进1　　18. 兵五进一　　马7进5

19. 兵五进一　　马5进3　　20. 兵五平六　　后马进4

21. 炮八进二　　车4平8

黑方平车捉车,精彩!

22. 车二平一　　…………

红方如改走车二进八,黑方则车7进5,炮四退二,马4进6,车二平四,马6进4,车八进一,炮9进4,下伏炮9进3沉底叫抽的手段,红方难以应对。

22. …………　　马4进6

黑方两次弃车,甚是巧妙!可谓胆识俱佳,也是巧解车马之围、夺取胜利的关键之着。

23. 炮八平三　　马3进4　　24. 炮四退一　　…………

红方如改走炮四进一,黑方则马6进8,炮四平五,炮5进5,仕五进六(如仕五进四,则马8进7,帅五平四,炮9平6,仕四退五,炮5平6,黑方得车,胜定),马8进7,帅五进一,车8进5,炮三平五,车8平5,炮五退三,马7退5,黑方胜定。

24. …………　　车8进7　　25. 车一平四　　炮9平6

26. 炮三平五　　马4退5　　27. 炮四进六　　马5进4

28. 车八进一　　马6进7　　29. 马七进五　　马7进6

黑方胜势。

第二种走法:车8进4

7. …………　　车8进4　　8. 炮五平四　　…………

红方卸炮掩护河口马,正着。这里另有两种走法:

①马四进三,卒3进1,炮五平三,卒3进1,马三进五,炮9平5,炮三进五,马3进4,炮八平七,卒3进1,车一进二,卒3进1,车一平七,马4进5,车七退一,车1平3,车八进一,马5退3,相七进五,马3进4,车七平六,马4进2,车六平八,车8平6,黑方多子胜势。

②炮八进三,车8平6,炮八退一,卒7进1,炮五平四,车6平2,兵三进一,

112

车2平7,相七进五,车1平8,仕六进五,炮5平6,车一进二,卒3进1,兵七进一,炮6进5,车一平四,车7平3,炮八平七,马7进6,炮七进三,车3退2,车八进五,车3进5,车八平四,士4进5,双方平稳。

8.…………	卒7进1	9.马四进六	马7进6
10.炮八进三	车1平4	11.马六进五	象7进5
12.兵三进一	车8进3	13.仕六进五	马6进4
14.相七进五	马4进3	15.炮四平七	车8退1
16.兵三进一	车4进5	17.炮七进四	车4平5
18.炮八进三	士4进5	19.车八进七	

红方优势。

第四节 红左马盘河变例

第58局 红左马盘河对黑左车巡河

1.炮二平五	马8进7	2.马二进三	车9平8
3.兵三进一	炮8平9	4.马八进七	炮2平5
5.车九平八	马2进3	6.兵七进一	车1进1

7.马七进六 …………

红方进河口马,是创新的走法。

7.………… 车8进4

黑方如改走车1平4,红方则马六进四,马7退9,车八进一,车8进4,车八平四,车4平2,炮八平七,车2平6,兵三进一,车8平7,马三进二,车6平8,车四进三,红方先手。

8.马六进七 …………

红方进马吃卒,是谋取实利的走法。如改走炮八平六,则卒7进1,兵三进一,车8平7,车一平二,车7进1,车二进四,车7平8,马三进二,炮5进4,仕六进五,车1平8,马二进四,马7进6,马六进四,炮5退2,车八进六,车8进3,马四退五,卒3进1,车八平七,炮5进3,相七进五,象7进5,双方均势。

8.………… 卒7进1

黑方如改走车1平6,红方则炮五平七,马7退5,马七进五,象3进5,炮八平九,车6进3,相三进五,卒9进1,车一平三,炮9平7,车三平二,车8进5,马三退二,卒7进1,兵三进一,车6平7,马二进三,马3进4,车八进五,炮7进5,炮七平三,马5进3,车八进二,马3退5,双方均势。

9.炮八平七(图58)·············

如图58形势,黑方有两种走法:马7进6和炮5退1。现分述如下。

第一种走法:马7进6

9.············ 马7进6

10.马七进五 ·············

红方亦可改走兵三进一,黑方如车8平7,红方则车八进五,车1平8,仕四进五,炮5平6,炮五平六,象7进5,相三进五,卒9进1,车八平六,卒9进1,炮六进一,卒9平8,车一平二,车7平8,炮六平八,红方先手。

10.············ 象7进5

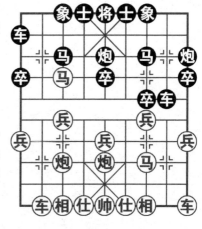

图58

黑方如改走象3进5,红方则炮七进五,炮9平3,炮五进四,士6进5,炮五退一,车8进2,相七进五,车1平4,兵三进一,马6进5,马三进五,车8平5,兵三平四,车5平6,车一平二,车6退2,炮五进一,车4进2,炮五平二,红方易走。

11.炮七进五 炮9平3 12.炮五进四 士4进5

13.炮五退一 车8进2

黑方先手。

第二种走法:炮5退1

9.············ 炮5退1

黑方退中炮,防止红方谋子。

10.兵三进一 ·············

红方如改走车八进五,黑方则卒7进1,车八平二,马7进8,车一平二,马8进6,马三进四(如车二进七,则卒7进1,车二平七,象3进5,黑胜),卒7平6,车二进三,车1平4,马七退八,车4平2,马八进九,车2进2,炮七进五,车2平1,炮七平二,车1进3,炮五进四,象3进5,炮五进二,士4进5,相七进五,和势。

10.············ 车8平7 11.仕四进五 ·············

红方如改走车一平二,黑方则车1平4,仕四进五,车4进5,车八进八,车4平3,马七进九,炮9退1,车二进八,炮5进1,车二平一,马7退9,马九进七,将5进1,炮五进四,炮5进4,相七进五,炮5退1,炮七平八,将5平6,炮五进三,

114

炮5退4,车八退一,车3平6,马七退五,象3进5,车八平七,车7进3,黑胜。

11.⋯⋯⋯⋯⋯　车1平4

黑方如改走车7进1,红方则车八进四,炮5平3,相三进一,车7进1,车一平三,炮3进2,炮七进四,象3进5,兵七进一,象5进3,马三退一,车7进3,马一退三,象3退5,炮五平七,马3退5,车八进一,马5退3,马三进四,车1平6,马四进三,马7进6,后炮平四,马6进4,车八平六,马4进2,马三进四,炮9平6,炮四平五,车6平3,炮五进四,士4进5,炮五平一,红方多兵占优。

12.相三进一　⋯⋯⋯⋯⋯

红方如改走炮五平六,黑方则车4进5,相三进五,车4平3,炮七平九,炮5平3,车八进六,象7进5,车一平四,士6进5,兵九进一,马7进6,炮九进四,马3进1,车八平九,炮9平6,车四平二,炮3进4,车二进九,炮6退2,相五进七,车7进3,相七进五,车7退4,车二退六,马6进7,炮六进四,车7退1,马七退六,马7进6,车二平四,士5进6,车四退二,炮6进8,黑方多子占优。

12.⋯⋯⋯⋯⋯　车4进5

黑方进车兵线,是力争主动的走法。

13.车一平四　车4平3　　14.马七退六　马3进4

15.车八进五　车3退1　　16.炮七进七　车3退5

17.马三进四　车3进5　　18.车八平六　炮5平3

19.相七进九　车7平4　　20.马四进六　车3平4

21.马六进八　炮3进1　　22.车四进六　炮3平2

23.车四平三　车4退2　　24.马八退七　炮2进7

25.相九退七　车4平3　　26.马七退六　马7退5

27.兵五进一　炮9平3

黑方左炮右移,迅速展开攻击。

28.帅五平四　炮3进7　　29.帅四进一　炮3退1

30.仕五退四　车3平4　　31.马六进七　车4进6

32.炮五进四　马5进4

黑方胜势。

第五节　红进外马变例

第59局　红进外马对黑左车巡河

1.炮二平五　马8进7　　2.马二进三　车9平8

3.兵三进一　炮8平9　　4.马八进七　炮2平5

5.车九平八　马2进3　　6.兵七进一　车1进1

7.马七进八　…………

红方进外马,是比较少见的走法。

7.…………　车8进4

黑方左车巡河,正着。

8.车一平二(图59)　…………

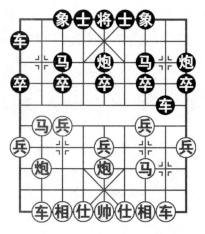

图59

如图59形势,黑方有两种走法:车8进5和车1平8。现分述如下。

第一种走法:车8进5

8.…………　车8进5

9.马三退二　车1平4

黑方如改走车1平8,红方则马二进三,车8进3,马八进七,卒7进1,炮八平七,炮5退1,兵三进一,车8平7,炮五平六,车7进2,相七进五,马7进6,仕六进五,马6进5,马三进五,炮5进5,马七退六,象7进5,车八进三,炮9平7,帅五平六,炮5平4,帅六平五,马3进4,马六进四,马4进6,和势。

10.马二进三　车4进3　　11.马八进七　卒7进1

12.炮八平七　炮5退1　　13.兵三进一　炮5平7

14.车八进三　…………

红方也可考虑马三进二,黑方如车4平7(如炮7进3,则车八进八,以后有马七进九的攻着),红方则炮五平三,象3进5,相七进五,马7进8,炮三进六,车7退3,车八进三,马8进6,兵五进一,红方主动。

14.…………　车4平7　　15.炮五平六　马7进8

16.相七进五　炮9平7

116

黑方平炮,急于反击,着法急躁。应走象 7 进 5,形成对峙局面。

　　17.马三进四　　马 8 进 7　　18.马七退六　　…………

　　红方敏锐地发现黑方虽然在自身右翼子力云集,但并没有可实施的有效手段,于是果断退马,攻击对方 3 路线。

　　18.…………　　马 7 进 6

　　黑方为自己的草率付出代价,硬着头皮也要往上冲了。此时不能象 7 进 5,因红方炮七进五,前炮平 7,马四进五踩双,红方得子。

　　19.帅五进一　　车 7 进 5　　20.炮六退一　　前炮进 6

　　21.帅五平四　　前炮平 4　　22.炮七进五　　车 7 退 1

　　23.帅四进一　　卒 5 进 1

　　经过转换后,红方多得一大子,虽然帅处高位,却有惊无险。黑方进中卒实属无奈,如改走车 7 退 6,则马六进五,车 7 平 6,帅四退一,红方以后可进帅先手捉炮,多子胜定。

　　24.车八进三　　车 7 退 2　　25.车八平四

　　红方多子占优。

第二种走法:车 1 平 8

　　8.…………　　车 1 平 8　　9.车二进五　　车 8 进 3

　　10.马八进七　　卒 7 进 1　　11.炮八平七　　…………

　　这里,红方另有两种走法:

　　①兵三进一,车 8 平 7,炮五平七,马 7 进 6,相七进五,炮 5 进 4,马三进五,马 6 进 5,马七退六,马 5 进 3,马六退七,马 3 进 4,炮八平九,车 7 进 2,炮九进四,马 4 进 6,车八进一,马 6 进 8,车八平四,炮 9 进 4,相三进一,车 7 进 1,马七进六,车 7 平 9,黑方优势。

　　②马七进五,象 7 进 5,炮八平七,马 3 进 4,兵三进一,车 8 平 7,车八进五,炮 9 平 8,炮五平六,炮 8 进 2,相七进五,车 7 进 3,车八平六,车 7 退 1,兵五进一,士 4 进 5,仕六进五,车 7 平 6,炮七平八,马 7 进 6,车六进三,车 6 平 2,炮八平七,马 6 进 7,车六退二,马 7 退 5,车六平五,马 5 退 7,车五平二,炮 8 进 2,车二平九,炮 8 平 1,双方均势。

　　11.…………　　炮 5 退 1　　12.兵三进一　　车 8 平 7

　　13.炮五平六　　马 7 进 8　　14.相七进五　　车 7 平 4

　　15.仕四进五　　炮 5 平 7　　16.车八进三　　象 7 进 5

　　17.兵五进一　　车 4 平 7　　18.马七退六　　炮 7 进 6

19. 炮六平三　车7平4　　20. 炮三进二　马8退6

21. 炮七平六　车4平7　　22. 炮三平四　卒9进1

23. 车八平五　士6进5　　24. 马六进七　马6进8

25. 炮四平二　车7平6　　26. 炮六平七　车5进6

27. 兵九进一　士4进5

红方稍优。

第六节　红高左炮变例

第 60 局　黑进右马对红高左炮

1. 炮二平五　马8进7　　2. 马二进三　车9平8

3. 兵三进一　炮8平9　　4. 马八进七　炮2平5

5. 兵七进一　马2进3

6. 炮八进一（图60）··········

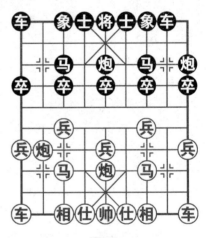

图60

红方高左炮,比较少见。

如图60形势,黑方有三种走法:车1进1、车1平2和车8进4。现分述如下。

第一种走法:车1进1

6. ··········　车1进1

7. 炮八平七　车1平4

黑方如改走车8进4,红方则车一平二,车1平8,车二进五,车8进3,炮七进三,象3进1,炮七平三,红方优势。

8. 炮七进三　··········

红方如改走车九平八,黑方则象3进1,炮七进三,炮9退1,炮七平三,车4进5,相七进九,车4平3,车八进二,炮9平3,车一进一,士6进5,车一平六,象7进9,车六进七,炮2退1,车六平七,马3进4,车八进三,车8进4,马七退八,车8平6,仕六进五,车3平4,炮三平九,马4进5,车八进二,士5进4,马三进五,车6进4,双方陷入混战中。

8. ··········　象3进1　　9. 车九平八　车4进3

10. 炮七平三　马3进2　　11. 兵七进一　车4平3

12.马七进六　马2进3　　13.炮五平七　马3退4

14.炮七平五　…………

红方应改走相三进五,黑方如炮5平4,红方则车八进四,红方多兵稍优。

14.…………　炮5平3　　15.马六进四　象7进5

16.马四进三　炮3平7　　17.炮五进四　士6进5

18.相三进五　车3进2

黑可抗衡。

第二种走法:车1平2

6.…………　车1平2

黑方车1平2,开动右翼主力。

7.炮八平七　炮5退1

黑方如改走车8进4,红方则车一平二,车8平4,炮七进三,卒7进1,车二进六,车4退1,兵七进一,卒7进1,车二平三,马3退5,车三退二,炮9退1,车三平四,炮9平7,马三进二,炮5平3,仕四进五,炮3进2,马二进四,马7进6,车四进一,车4平3,帅五平四,马5进6,车四进一,士4进5,马七进六,炮3平4,车九进二,红方优势。

8.炮七进三

红方如改走车一平二,黑方则车8进9,马三退二,象3进5,炮七进三,卒5进1,马二进三,车2进3,马七进六,卒5进1,炮五进二,炮5进4,兵五进一,炮9退1,兵七进一,车2进2,马六进八,马3进5,炮七平六,车2平5,相七进五,马5进4,马八退七,车5退2,兵七平六,马4进6,车九进一,炮9平6,车九平二,卒7进1,兵三进一,象5进7,马七进八,马7进6,车二进七,炮6平5,仕六进五,车5退1,黑方优势。

8.…………　象3进5　　9.车一平二　车8进9

10.马三退二　卒7进1

黑方兑卒活马,正着。如改走车2进4,则炮七平三,炮5平3,马二进三,炮3进4,相七进九,炮3进1,仕六进五,士6进5,车九平六,炮3平9,马七进六,车2平3,炮五平七,马3进2,炮三平九,马2进1,炮七平八,前炮平7,相三进五,象5退3,车六平七,车3平4,马六退八,炮7平2,车七进三,炮2退4,车七平九,炮2平1,炮九平七,双方均势。

11.兵三进一　象5进7　　12.马二进三　…………

红方进马,似不如改走车九进一先活通大车好。

12. ⋯⋯⋯⋯　象7退5　　13.马三进四　车2进4

14.炮五平四　车2退1　　15.马七进六　卒5进1

以上一段,黑方先引离红方中炮,再诱出红方左马,然后冲中卒威胁红方中路,战术组合十分成功,巧妙地反夺了主动权。

16.相七进五　卒5进1　　17.兵五进一　炮5进4

18.仕六进五　车2进3　　19.马四进三　炮9平8

黑方也可改走炮9进4,先得实惠。

20.马三退五　士6进5　　21.炮四平二　车2平6

22.炮七平八　车6平2　　23.炮八平三　⋯⋯⋯⋯

红方应以改走炮八平七,静观其变为宜。

23. ⋯⋯⋯⋯　车2平7　　24.兵七进一　车7退2

黑方退车捉马,是取势要着。如改走车7进3,则车九平七,车7退2,炮二进二,车7退3,马六进七,炮8进2,车七进四,炮8平5,车七平五,炮5退1,马七进九,车7退1,马九进七,将5平6,兵七进一,马3退1,炮二退二,将6进1,炮二平四,士5进4,兵七平六,将6平5,兵六进一,马1进2,马七退八,炮5进4,车五退二,车7平2,车五平六,将5退1,兵六进一,红方大占优势。

25.马六进七　⋯⋯⋯⋯

红方如改走兵七进一,黑方则马3退1,黑方得子。

25. ⋯⋯⋯⋯　炮8进2　　26.兵七平六　炮8平5

27.马七退五　马3进4

黑方胜势。

第三种走法:车8进4

6. ⋯⋯⋯⋯　车8进4

黑方左车巡河,另辟蹊径。

7.车一平二　车8平2

黑方如改走车8平4,红方则车二进六,车1平2,炮八平七,马3退5,炮七进三,卒7进1,车二平三,卒7进1,车三退二,车2进4,炮七退一,象3进1,马三进四,车4进4,炮七平三,马7进8,炮五进四,车2平6,车三平二,车4退5,炮五退二,车4平6,车二进一,前车进1,仕六进五,前车退1,相七进五,后车平5,车九平六,炮5进3,兵五进一,车5进2,车六进四,车5退2,车六进四,车5平2,马七进五,车6平5,马五进三,车5平6,马三退五,车6平5,马五进六,车2进6,仕五退六,马5进6,马六进七,士6进5,车二进一,马6进5,炮三退四,

120

车2退7,车二平五,车5退1,马七退五,车2平5,黑方足可一战。

8.炮八平七　卒7进1　　9.车二进六　…………

红方挥车过河,着法有力。如改走兵三进一,则车2平7,马三进四,车1进1,黑方易走。

9.…………　卒7进1　　10.车二平三　马3退5

11.车三退二　…………

红方如改走车九进一,黑方则炮9退1,车九平四,炮9平7,车三平四,炮5进4,马七进五,马5进6,车四进五,象7进5,车四进二,炮7退1,车四平三,车2平7,马五进四,车7平6,车三进一,车6平7,车三退一,卒7进1,马三进五,车1平2,车三平六,车2进4,黑方优势。

11.…………　炮9退1　　12.马三进四　…………

红方进马,着法有力。如改走车三平四,则炮9平7,马三退一,马7进6,车九平八,车2进5,马七退八,马5进7,马八进七,炮5平6,车四平五,象3进5,仕四进五,炮6进1,炮七平六,士4进5,马七进八,车1平2,兵七进一,卒3进1,炮五平八,车2平4,炮八平六,车4平2,后炮平八,车2平4,炮八平六,车4平2,前炮平八,车2平4,炮八平六,车4平2,马八进六,卒5进1,车五进一,车2进6,前炮进一,车2平4,前炮平五,炮6平8,马一进二,炮8进1,马六进五,象7进5,炮五进三,士5进4,车五退一,车4退1,车五平六,马6进4,炮五退三,马4进2,黑方多子占优。

12.…………　车1平2

黑方如改走炮9平7,红方则马四进三,车1平2,车九进一,前车平6,车九平六,车6退1,车三平四,车6平7,车六进八,将5平4,车四进五,将4进1,炮七平六,车7进4,马七进六,炮5平4,马六进五,炮4平5,马五进七,绝杀,红胜。

13.车九进一	前车平6	14.车九平六	炮9平7
15.车三平二	炮7进8	16.仕四进五	炮7平9
17.车六进四	车2进5	18.车六进三	车2平3
19.炮七平六	车3平6	20.车二平四	车6进1
21.马七进六	车6平4	22.车六退三	马7进6
23.车六平四	马5进7	24.兵五进一	士4进5
25.炮五平三	象7进9	26.炮三进四	马6进4
27.炮六平三	马7退9	28.后炮平七	象3进1

121

29.炮七平二　马9进7　　30.炮二平三　马7退9

31.后炮平五　马9进7　　32.兵五进一　马4进3

33.炮五进三　马7进5　　34.兵五进一

红方大占优势。

小结: 红两头蛇变例中列举了四种走法:红方第7回合车一进一高横车,是比较流行的走法。黑方车8进4升车巡河,准备兑卒活马,是比较常见的走法。黑方车1平4肋车过河,略嫌急躁,易遭红方攻击。黑方第8回合卒3进1兑卒欠妥,应改走卒7进1。红方第10回合马七进六,容易形成双方均势局面,红方第10回合炮八平九是稳健的选择,黑方可抗衡,红方第10回合炮八进三进炮打车,是对原来马七进六着法的积极改进,它打破了原来的平稳局面,从而引出新的一系列变化来。红方第7回合炮八平九平炮亮车,是稳健的走法。第7回合黑方横车右肋,准备攻击红方左马,是常见的走法。红方第9回合马七进八跃马出击,黑方有两种走法:一是车4平3,平车捉相,是对攻性较强的走法,双方各有顾忌,二是车4平2平车,牵制红方车、马,是稳健的走法。黑方第11回合马7退5退马窝心,是积极有效的对抗方案。红方第7回合进河口马嫌急,被黑方抢到车8进4后,有挺兑7卒、炮5退1退中炮等手段,其演变结果是黑方易占上风。红方第7回合马七进八进外马,是比较少见的走法。红方第6回合炮八进一高左炮缓出左车,也是比较少见的走法,给黑方提出了新课题。

第四章 互进七路兵(卒)类

第一节 红右横车变例

第61局 黑进车骑河对红冲中兵(一)

1.炮二平五 马8进7 2.马二进三 车9平8

3.兵七进一 炮8平9 4.马八进七 卒7进1

黑方挺7路卒活通左马,试图反击,是常见的走法。

5.车一进一 ··········

红方高车,迅速开动右翼主力。

5.·········· 车8进5

黑方进车骑河,控制红方七路马的活动,是寻求对攻的走法。如改走炮2平5,则车九平八,马2进3,车一平四,车1平2,炮八进四,车8进6,车四进五,车8平7,马三退五,马7进8,炮八退三,车7退1,炮五平三,马3退5,相七进五,车7平8,炮八进三,炮5平7,车四平五,车2进2,炮三进五,马8退7,车五平三,车2平6,炮八退一,车6进2,马五进三,车8进3,马七进六,车6平4,马三进四,车4进1,炮八平五,象3进5,仕六进五,车8平6,马四进二,车6退4,车八进五,马7退9,车三进二,红方大占优势。

6.兵五进一 ··········

红方冲中兵,直攻中路。

6.·········· 炮2平5

黑方补架中炮,是针锋相对的走法。

7.兵三进一 ··········

红方挺三路兵捉车,是近年挖掘出来的变着,进一步丰富了这一布局的变化。

7.·········· 车8退1

黑方退车巡河,正着。如改走车8进1,则兵三进一,车8平7,马七进五,车7退2,炮八退一,马7进6,炮八平三,马6进7,车九进一,车1进1,车九平四,车1平8,车四进二,炮9平7,兵一进一,车8进5,仕四进五,马2进3,车一进二,车8平9,马三进一,马7进9,相三进一,炮7进6,马一进三,红方优势。

8.车一平三 ……………

红方马后藏车,拙中藏巧,是兵三进一的后续手段。以往红方曾走马三进五,黑方则马7进6,炮八进三,车8进5,兵五进一,马6进5,马七进五,马2进3,炮八平三,车1平2,马五进四,士6进5,车九进一,车8退3,兵五平六,车2进6,炮三进一,炮5平6,炮三平七,象3进5,马四进二,炮9平7,相三进一,炮6进3,车九平四,炮6平5,仕四进五,炮7平8,车一退一,车2平4,兵七进一,象5进3,兵六平七,红方优势。

8.……………… 马2进3

黑方如改走马7进6,红方则炮八进三,车8进2,炮五进四,士4进5,兵三进一,马2进3,兵三平四,马3进5,炮八平五,车8平7,炮五进二,象3进5,兵五进一,马5退3,马七进六,车7平4,马六进七,车1平4,仕四进五,前车平3,马三进四,车3退1,马七进五,象7进5,马四进二,炮9平8,车三进六,炮8退1,相七进五,车3退2,车三平五,车4进2,车五平六,士5进4,车九平八,红方弃子占势易走。

9.马三进五 ……………

红方马三进五,是改进后的走法。如改走车九平八,则车1平2,炮八进四,卒7进1,马三进五,车8平7,车三进三,车7进1,马五进三,炮5进3,仕六进五,马7进6,马三退四,炮5退1,车八进五,卒3进1,车八平七,马6退5,炮八平七,象3进1,车七平六,马5进3,黑方多子占优。

9.…………… 卒7进1 10.马五进三 ……………

红方进马踩卒,好棋!迫使黑方巡河车顶马,再联车闪马逼兑黑车,黑方右翼顿显空虚。

10.…………… 车8平7 11.车九进一 ……………

红方如改走车九平八,黑方则车1平2,炮八进四,炮5进3,仕六进五,象3进5,相三进一,士4进5,车三平二,马7进6,马三退四,炮5退1,炮八退一,车7进3,马四进三,马6进7,车二进五,马7进9,马三退二,炮9平7,帅五平六,车7平5,黑胜。

11.…………… 车1平2 12.马三退五 车7进4

黑方如改走车2进4,红方则兵五进一,也是红方主动。

13.车九平三 马7进6 14.炮八退一 车2进6

黑方进车,准备攻马。

15.炮八平五　马6进5　　16.马七进五　士4进5

17.马五进三(图61) ············

红方如改走车三进八,黑方则有车2平
4的骚扰手段。

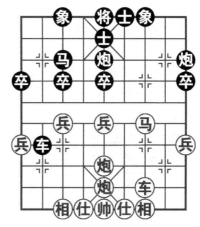

图61

如图61形势,黑方有两种走法:车2平
4和将5平4。现分述如下。

第一种走法:车2平4

17. ············　车2平4

18.前炮平三 ············

红方卸炮攻象,精巧之着!黑方如接走
车4平7(如将5平4,则炮三进七,将4进1,
炮五平六,红方占优势),红方则马三进二,红
方大占优势。

18. ············　士5进6　　19.炮三进七　士6进5

20.相三进五　车4进2　　21.炮五平四　炮5进3

22.仕四进五　车4退4　　23.马三退四

红方退马捉炮、亮车,走得恰到好处。

23. ············　炮5进1　　24.炮三平一　将5平4

25.车三进八　将4进1　　26.帅五平四　车4平8

27.炮四平三 ············

红方平炮,既解杀棋,又伏有进炮叫将的攻击手段,可谓连消带打之着,加快
了胜利步伐。

27. ············　炮5平6　　28.帅四平五　象3进1

29.车三退二　炮9退1　　30.车三进一　炮9进1

31.炮一退一　将4退1

黑方退将,无奈之着。否则红方有车三退三抽车叫杀的手段。

32.车三进一　士5退6　　33.车三退二

红方胜势。

第二种走法:将5平4

17. ············　将5平4

黑方出将,预先防范。

18.前炮平三 ············

红方平炮,贯彻预定计划,胸有成竹。

18.………… 车2平7 19.炮五平六 …………

红方平炮是上一回合前炮平三的续进手段,是摆脱牵制的巧妙之着。

19.………… 炮9平7

黑方如误走将4平5,红方则马三进二,车7平5,仕六进五,炮9平8,马二退三,车5平7,马三进四,黑方失子。

20.炮三平六 将4平5 21.车三进二 炮7进4

22.马三进二

红方优势。

第62局 黑进车骑河对红冲中兵(二)

1.炮二平五 马8进7 2.马二进三 车9平8

3.兵七进一 炮8平9 4.马八进七 卒7进1

5.车一进一 车8进5 6.兵五进一 炮2平5

7.兵三进一 车8退1 8.车一平三 马2进3

9.马三进五 卒7进1 10.马五进三 车8平7

11.车九进一 车1平2 12.马三退五 车7进4

13.车九平三 马7进6 14.炮八退一 卒5进1

15.炮八平五(图62) …………

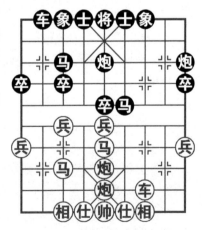

图62

红方亦可改走马五进三,黑方如接走炮5进3,红方则炮八平五,士4进5,车三平四,红方占优势。

如图62形势,黑方有两种走法:马6进5和炮5进3。现分述如下。

第一种走法:马6进5

15.………… 马6进5

16.后炮进二 卒5进1

17.后炮进二 士4进5

18.车三进八 …………

红方斩获底象,形势大优。

18.………… 车2进7 19.车三退二 车2平3

20.车三平一 车3退2 21.后炮进四 将5平4

22. 后炮退二　象3进5　　23. 车一平五　马3退2

24. 炮五平六

红方大占优势。

第二种走法：炮5进3

15. ·········　炮5进3　　16. 马五进三　士4进5

17. 车三平四　·········

红方应改走马三进四为宜。

17. ·········　炮9平7　　18. 马三进四　马6进7

19. 后炮进三　炮7进7　　20. 仕四进五　马7进5

21. 仕五进四　卒5进1　　22. 马四进三　将5平4

23. 车四平六　卒5平4　　24. 马七进六　车2进8

黑方献车，佳着。

25. 车六进一　·········

红方如改走车六平八，黑方则马5退4，双方局势平稳。

25. ·········　炮7退7　　26. 马六进五　炮7平4

27. 马五进七　将4进1　　28. 相七进五　车2退6

29. 马三退四　车2平3　　30. 马四进六

和势。

第63局　黑进车骑河对红冲中兵(三)

1. 炮二平五　马8进7　　2. 马二进三　车9平8

3. 兵七进一　炮8平9　　4. 马八进七　卒7进1

5. 车一进一　车8进5　　6. 兵五进一　炮2平5

7. 兵三进一　车8退1　　8. 车一平三　马2进3

9. 马三进五　卒7进1　　10. 马五进三　车8平7

11. 车九进一　车1平2　　12. 马三退五　车7进4

13. 车九平三　马7进6　　14. 炮八退一(图63)　·········

如图63形势，黑方有两种走法：炮5退1和炮9进4。现分述如下。

第一种走法：炮5退1

14. ·········　炮5退1

黑方退中炮，是创新的走法。

15. 炮八平五　炮9平7　　16. 相三进一　车2进6

127

17. 兵五进一　　马6进5

18. 马七进五　　炮7平5

19. 马五进六　　马3退2

　　黑方退马,避捉。如改走卒5进1吃中兵,则前炮进五,象3进5,马六进七,红方多子,占优势。如改走前炮进2,则马六进七,前炮进4,仕四进五,炮5进6,相七进五,象3进5,车三进五,也是红方多子占优。

20. 马六进五　　象3进5

21. 兵五进一　　…………

　　红方中兵成功渡河后,伏有兵五进一破中象的攻击手段,迅速扩大了优势。

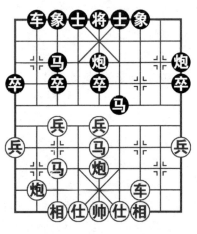

图63

21. …………　　车2平9　　22. 相一退三　　车9平1

23. 车三进六　　车1平6　　24. 兵五进一　　炮5进6

25. 相七进五　　象7进5　　26. 车三进一　　…………

　　红方进车,伏有捉死黑马的手段,逼迫黑方补士后,可以带"将"先手吃掉黑象,是灵活的走法。

26. …………　　士6进5　　27. 炮五进六　　将5平6

28. 仕四进五　　车6退4　　29. 炮五退四　　马2进4

30. 车三进一　　将6进1　　31. 车三退三

　　红方优势。

第二种走法:炮9进4

14. …………　　炮9进4　　15. 兵五进一　　马6进5

16. 马七进五　　炮9平1

　　黑方炮打边兵,谋取实利。

17. 马五进六　　炮1进2

　　黑方进炮打车授人以隙,应改走车2进2保马为宜。

18. 马六进七　　炮1平7　　19. 马七进八　　炮5进2

20. 炮八平五　　象7进5　　21. 马八退七

　　红方多子易走。

第64局　黑进车骑河对红冲中兵(四)

1. 炮二平五　　马8进7　　2. 马二进三　　车9平8

128

3.兵七进一　炮8平9　　4.马八进七　卒7进1

5.车一进一　车8进5　　6.兵五进一　炮2平5

7.兵三进一　车8退1　　8.车一平三　卒7进1

9.马三进五　马7进6

黑方如改走车8平7,红方则车三进三,车7进1,马五进三,车1进1,车九进一,炮5进3,马七进五,炮5进2,相七进五,马7进8,马三进二,车1平8,马五进三,象3进5,车九平四,象5进7,车四进五,马2进4,炮八退一,马8进7,车四平三,车8进1,车三退一,车8进1,车三进三,车8进1,车三平六,车8平7,车六平七,车7平2,炮八平五,士6进5,炮五进五,炮9平5,炮五退一,红胜。

10.马五进三　炮5进3(图64)

黑方如改走车8平7,红方则车九进一,炮9平7,炮八进三,炮5进3,马三退五,车7进4,车九平三,炮7平5,炮五进二,炮5进3,相三进五,象3进5,车三进三,马6进5,马七进五,炮5退1,仕四进五,马2进4,车三平六,车1进1,马五进三,炮5平7,车六进一,马4进6,炮八平三,马6进7,车六进一,车1平3,双方大体均势。

如图64形势,红方有两种走法:马七进五和仕六进五。现分述如下。

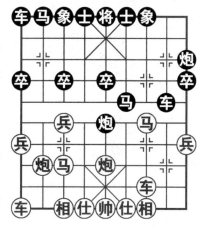

图64

第一种走法:马七进五

11.马七进五　马6进5

12.炮五进二　炮9平5　　13.马三进四　••••••••

红方如改走炮五进三,黑方则马5退7,车三进三,象7进5,炮八平五,马2进3,车九进一,卒3进1,车九平七,卒3进1,车七进三,车1进2,车七进二,车8进2,车三平七,车8平9,前车进一,车1平3,车七进三,士6进5,兵九进一,车9退1,车七退一,车9平1,双方均势。

13.••••••••　炮5进3　　14.马四退五　卒5进1

15.马五进三　车1进2　　16.炮八进三　车8退1

17.相七进五　车8平7　　18.车三进二　车1平2

19.兵七进一　卒5进1　　20.炮八进四　车2退2

21.兵七进一　车2进6　　22.马三退五　车7进3

129

23.马五退三　马5退3　　24.马三退五　车2平9

25.车九平七　马3进1

和势。

第二种走法:仕六进五

11.仕六进五　车8平7　　12.车九平八　马2进3

黑方如改走象3进5,红方则炮八进三,车7退1,兵七进一,马6退8,车八进四,马8进7,车三进二,卒5进1,兵七平六,士4进5,兵六平五,马7退5,车三进三,马5退7,车八平五,炮9平7,相三进一,卒3进1,马七进八,马2进3,炮八进一,车1平2,炮八平一,车2进4,兵一进一,卒3进1,车五平七,炮7平9,仕五进四,马7进5,车七平五,马5退6,双方均势。

13.炮八进三　马6退5　　14.兵七进一　车7平3

15.车八进四　车1平2　　16.车八平五　车2进4

17.马三退五　车3平7　　18.车五平三　车7进1

19.车三进三　炮9退1　　20.车三进五

红方多相易走。

第65局　　黑进车骑河对红冲中兵(五)

1.炮二平五　马8进7　　2.马二进三　车9平8

3.兵七进一　炮8平9　　4.马八进七　卒7进1

5.车一进一　车8进5　　6.兵五进一　炮2平5

7.车一平四　马2进3　　8.车九平八　车1平2(图65)

黑方如改走士4进5,红方则炮八进二,车1平2,仕六进五,车8进1,炮八退一,车8退1,兵三进一,车8退1,车四进五,卒7进1,车四平三,车8退2,炮八进五,炮9进2,马三进五,卒7平6,兵五进一,炮5进2,炮五进三,卒5进1,马五进六,马3退4,相七进五,马4进5,马六进五,象7进5,炮八退一,士5进4,马七进六,炮9平7,车三平六,士4退5,马六进七,炮7进1,炮八进一,红方优势。

如图65形势,红方有两种走法:炮八进二和炮八进四。现分述如下:

第一种走法:炮八进二

9.炮八进二　............

红方升炮河口,偏于防守。不如改走炮八进四封车,积极有力。

9.............　卒7进1

黑方如改走车 8 退 4,红方则炮八进二, 车 2 进 1,仕六进五,车 2 平 6,车四进七,车 8 平 6,车八进五,车 6 进 5,车八平三,马 7 进 6,炮八平五,士 4 进 5,兵五进一,马 6 进 7, 炮五平三,马 7 退 8,马七进六,车 6 平 4,马六进七,马 8 进 9,炮三进二,炮 5 进 5,相三进五,车 4 退 3,兵七进一,象 3 进 5,车三进二,马 9 退 8,车三退三,车 4 进 3,炮三平一,红方占优势。

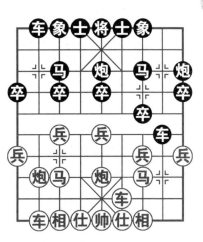

图 65

10.兵五进一 ···········

红方如改走兵三进一,黑方则车 8 平 7, 马七进五,车 7 退 1,黑方不难走。

10.··········· 卒 5 进 1　　11.兵三进一 ···········

红方如改走炮八平三,黑方则车 2 进 9,炮三进五,士 6 进 5,马七退八,卒 5 进 1,红方虽得象,但难以成势,黑方有卒过河且大子灵活,易走。

11.··········· 车 8 进 1　　12.车四进五　炮 5 进 5

黑方如改走车 8 平 7,红方则马三进五,炮 5 进 4,炮五进三,红方弃子,占优势。

13.相七进五　车 8 平 3

黑方先捉左马,打一个"顿挫"后再捉右马,目的是使红方左翼车、炮脱根,是细腻的走法。

14.车八进二　车 3 平 7　　15.车四平三 ···········

红方平车对捉,是无奈之着。如改走马三进五,则卒 5 进 1,红方要丢子。

15.··········· 车 7 进 1　　16.车三进一　象 3 进 5

17.马七进五 ···········

红方进马踩车,嫌急,应车三退一占据要道为宜。

17.··········· 车 7 平 6　　18.马五进六　马 3 退 5

19.车三退一　车 2 进 1　　20.车八平六　马 5 退 3

21.车三平七　马 3 进 4　　22.车七平一　炮 9 平 6

23.炮八退二　士 6 进 5　　24.车一平九　车 6 退 1

25.仕六进五　车 6 平 9　　26.炮八平七　炮 6 进 3

黑方反先。

第二种走法:炮八进四

9. 炮八进四 ·············

红方进炮封车,是力争主动的走法。

9. ············· 炮 5 进 3　　10. 仕六进五　象 7 进 5

11. 车四进五　士 6 进 5　　12. 车四平三　马 7 退 6

黑方退马避捉,是老练的走法。红方如续走兵三进一,黑方则车 8 平 7,马七进五,炮 5 进 2,相三进五,车 7 平 5,黑方形势不弱。

13. 车三平一　炮 9 平 7　　14. 车一平三　车 8 进 1

15. 马七进五　炮 5 进 2

黑方如改走卒 5 进 1,红方则炮五平七,红方持先手。

16. 相三进五　车 8 进 1　　17. 兵三进一 ·············

红方兑兵,暗设"机关":黑方如续走卒 7 进 1,红方则马五进三,车 8 平 7,马三进二,红方得车。

17. ············· 卒 5 进 1　　18. 马五进四　车 8 平 7

19. 马四进三　马 6 进 7　　20. 车三进一　卒 7 进 1

21. 车三退一

红方略优。

第 66 局　　黑进车骑河对红冲中兵(六)

1. 炮二平五　马 8 进 7　　2. 马二进三　车 9 平 8

3. 兵七进一　炮 8 平 9　　4. 马八进七　卒 7 进 1

5. 车一进一　车 8 进 5　　6. 兵五进一　炮 2 平 5

7. 马七进五(图 66) ·············

如图 66 形势,黑方有两种走法:马 2 进 3 和马 7 进 6。现分述如下。

第一种走法:马 2 进 3

7. ············· 马 2 进 3　　8. 兵三进一　车 8 退 1

9. 兵三进一　车 8 平 7　　10. 炮八退一　马 7 进 6

11. 炮八平三　马 6 进 7

黑方如改走车 7 平 8,红方则车九进一,士 6 进 5,炮三进八,车 8 退 4,炮三退五,车 1 平 2,车九平二,车 8 平 7,炮三平四,马 6 退 7,车二进五,车 2 进 4,车二平三,马 7 退 9,车三进三,马 9 退 7,车一平二,红方优势。

12. 车九平八　车 1 进 1

13.车八进三 ·············

红方如改走兵五进一,黑方则卒5进1,车八进五,炮5退1,车八平五,车7平5,炮五进三,炮9平5,炮三平五,后炮进3,炮五进四,马3进5,炮五进二,象7进5,双方均势。

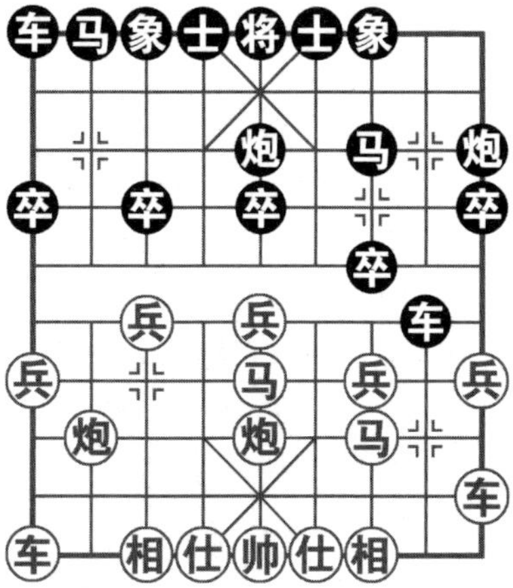

13.·············　车1平8
14.仕六进五　卒9进1
15.相三进一　马7进5
16.相七进五　车7平6
17.马五进三　炮5进3
18.相一退三　卒9进1

图66

19.车八平五　炮9平5　　20.兵一进一　车6进4
21.车五平六　后炮平7　　22.前马进四　车6退5
23.炮三进六　车6平7　　24.车六进四　车8退1
25.车六平七　车7进4

黑方优势。

第二种走法:马7进6

7.·············　马7进6　　8.兵三进一　车8退1

黑方如改走车8退2,红方则兵三进一,马6进5,马三进五,车8进3,马五进三,炮5进3,仕六进五,车8平7,相三进一,炮9平5,炮五进一,马2进3,车一平四,车1平2,车九进二,车2进6,炮八平二,车7平5,马三退五,车2平5,炮二平五,车5平4,车九退二,士4进5,相七进九,将5平4,车四进四,后炮平8,兵三平二,象7进5,车四退一,炮5进1,车四平五,炮8退2,兵二进一,卒9进1,黑方易走。

9.炮八进三　车8进2　　10.炮八退二　车8退2
11.兵五进一　马6进5　　12.马三进五　炮5进2
13.炮五进三　卒5进1　　14.马五进六　卒7进1
15.车九平八　马2进1　　16.车一平三　炮9平5
17.马六进五　象7进5

黑方满意。

第67局　黑进车骑河对红冲中兵（七）

1. 炮二平五　马8进7　　2. 马二进三　车9平8

3. 兵七进一　炮8平9　　4. 马八进七　卒7进1

5. 车一进一　车8进5　　6. 兵五进一　炮2平5

7. 炮八进二（图67）…………

如图67形势，黑方有两种走法：马2进3和车8进1。现分述如下。

第一种走法：马2进3

7. …………　马2进3

8. 车九平八　…………

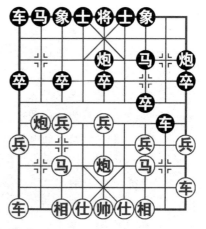

图67

红方如改走车九进二，黑方则车1平2，兵七进一，炮5进3，马三进五，炮5进2，相七进五，卒3进1，兵三进一，车8退1，炮八退三，卒7进1，炮八平三，马3退5，马五进三，马7进6，车九退一，车2进6，车九平六，车2平6，马七进六，马6进4，车六进三，炮9平6，仕六进五，象7进5，车六进四，马5退7，车六平三，炮6进3，车三退二，马7进8，车三平五，车6平1，黑方多卒占优。

8. …………　车1进1　　9. 兵七进一　…………

红方如改走车一平六，黑方则卒7进1，兵五进一，卒7平6，仕六进五，卒5进1，车六进五，卒5进1，车六平七，马7进8，炮八进一，车1平7，车八进三，车8进1，炮八平五，士6进5，前炮平七，车7进5，车七平二，炮5进5，相七进五，象3进5，车八平三，车8平7，炮七平五，车7进1，车二退一，车7退4，兵一进一，炮9进3，兵七进一，车7平5，兵七平八，马3进2，炮五进二，象7进5，车二平八，卒6进1，黑方多卒占优。

9. …………　车8平5　　10. 兵七进一　车5平3

11. 兵七进一　车3进2　　12. 炮八进五　车1平4

黑方平车抢占肋道，是大局感极强的走法，也是争先取势的紧要之着。如改走车3退5，则车一平六，士6进5，车六进四，双方陷入互缠局面，红不难走。

13. 炮五进五　炮9平5　　14. 相三进五　…………

红方可改走相七进五，这样要比实战走法好。

14. …………　马7进6　　15. 仕四进五　车4进7

黑方车塞"相眼",是紧凑有力之着,令红方难以应付。

16.车一平四 炮5进5　17.帅五平四 炮5平6

黑方献炮叫将,巧妙!红方如接走帅四平五,黑方则马6进5,车四进一,车3平6,仕五进四,马5进3,黑方得车,胜定。

18.车四进一 车3平6　19.仕五进四 车4进1

20.帅四进一 马6进5　21.帅四平五 马5进3

黑方得车,胜定。

第二种走法:车8进1

7.…………　车8进1

黑方躲车,保持变化。

8.炮八退一 车8退1　9.车一平四 马2进3

10.兵三进一 车8退1

黑方当然不能车8平7吃兵,否则红方马七进五,黑方难以应付。

11.马七进五　…………

红方应改走马三进五,这样较为机动灵活。

11.…………　车1平2　12.炮八平六 车2平6

黑方进车捉炮,准备先弃后取争先。也可改走卒7进1,红方如马五进三,黑方则车8平7,马三进五(如车四进三,则马7进8,黑方伏有车7退1、炮9平7、车2进6等反击手段),车2进6,炮三进四,马7进6,炮六平一,马6进5,炮一平七,车7进1,相三进一,车7平5,黑方稳占优势。

13.炮六进四 卒7进1　14.炮六平三 卒7进1

15.炮三平七 炮9平3　16.马五进三 卒7进1

17.马三进四 车8平7　18.炮五进四 士4进5

19.相七进五 车2平4

黑方平车控肋,是正确的选择。如改走卒7进1,则车四平六,车2平6,车九平八,卒7平6,仕六进五,对攻中红可捷足先登。

20.仕六进五 车4退3　21.炮五退一 车7退1

22.马四退三 炮3进3

黑方应改走将5平4,红方如接走车四进三,黑方则卒7进1,车九平六,卒7进1,黑方较易展开攻势。

23.马三退五 炮3退1

黑方退炮,是随手之着。应改走炮3进1,这样较为积极有力。

24.车九平六　将5平4　　25.炮五平六　将4平5

26.车四进二　卒7进1　　27.马五进七　卒7进1

黑方冲卒破相,毁去红方藩篱,有利于展开攻势,是灵活的走法。

28.炮六平五　车4进6　　29.仕五退六　卒7平6

30.帅五平四　将5平4　　31.车四平六　炮5平4

32.帅四平五　炮3平2　　33.车六进二　…………

红方进车兑炮,选择有误。不如改走车六进三兑车,这样较易守和。

33.…………　炮2平5　　34.马七进五　车7平5

黑方优势。

第68局　黑进车骑河对红飞相保兵(一)

1.炮二平五　马8进7　　2.马二进三　车9平8

3.兵七进一　炮8平9　　4.马八进七　卒7进1

5.车一进一　车8进5　　6.相七进九　…………

红方飞相保兵,是缓步进取的走法。

6.…………　炮2平5　　7.车一平四　…………

红方平车占右肋,控制黑方7路马,是常见的走法。如改走车一平六,则马2进3,车九平八,车1平2,炮八进二,车8退1,仕六进五,车2进4,马七进六,车8进2,炮五平七,车2平4,兵七进一,卒3进1,炮七进五,马7进6,炮七平一,象7进9,车八平六,炮5平4,炮八进一,卒3进1,炮八平四,卒3平4,炮四退三,卒4进1,前车平七,车8平7,马三退一,炮4平5,黑方优势。

7.…………　马2进3　　8.车九平八　…………

红方如改走马七进八,黑方则卒3进1,马八进七,车1平2,炮八平七,卒7进1,兵七进一,炮5退1,兵三进一,车8平7,车九平七,车2进6,炮七平六,马7进8,车四进六,马8进9,马三进一,炮9进4,相三进一,车7进1,车七进四,炮9平5,仕四进五,前炮进2,相九退七,后炮进6,相七进五,炮5平1,相五退七,炮1进1,车七平四,士6进5,前车平七,车2平5,帅五平四,车5进1,炮六退一,车5平9,黑胜。

8.…………　车1平2

黑方如改走士4进5,红方则兵三进一,车8退1,车四进五,卒7进1,车四平三,卒7进1,车三退三,马7进6,车三进六,炮5平7,马三进四,车8退3,马七进六,象3进5,马六进四,象5退7,马四进三,红方优势。

9.炮八进四　••••••••••

红方进炮封车,是力争主动的走法。以往红方曾走炮八进二,黑方则车8进1,炮八退一,车2进4,炮八平七,卒3进1,兵三进一,车8退2,车四进三,车2进5,马七退八,马3进2,炮七退二,炮5平2,马八进七,炮2平3,兵七进一,炮3进5,马三退五,马2进1,炮七平九,炮3退1,炮九进二,红方优势。

9.••••••••••　　士4进5(图68)

如图68形势,红方有两种走法:兵三进一和车四进五。现分述如下。

第一种走法:兵三进一

10.兵三进一　••••••••••

红方弃兵,准备跃马争先。

10.••••••••••　　车8平7

黑方如改走车8退1,红方则车四进五,卒7进1,车四平三,车8退2,炮八进二,炮5平6,兵五进一,卒7进1,车三退三,炮6进5,炮五退一,炮6平1,兵五进一,卒5进1,马三进五,卒5进1,炮五进三,象3进5,马五进三,红方优势。

11.马三进四　••••••••••

红方如改走车四进一,黑方则马7进8,炮八退五(如炮八退二,则车7进1,炮八退三,车7平8,黑方不难走),马8进7,黑方足可抗衡。

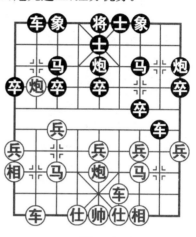

图68

11.••••••••••　　车7进4　　12.马四进六　　车7退2

13.相九退七　　马7进8　　14.炮八退三　••••••••••

红方应改走马六进七(如马六进四,则马8进7,黑方易走),黑方则炮9平3,炮八平五,车2进9,马七退八,炮3进3,炮五退二,这样要比实战走法好。

14.••••••••••　　卒7进1　　15.马七进八　••••••••••

红方如改走车四进四,黑方则马8进6,马六退四,卒7平6,也是黑方优势。

15.••••••••••　　车2进5

黑方弃车欲马,构思巧妙,是弃子争先战术的典范之作。如改走车2平1,则马六进八,红方抢先发难,黑方难以应付。

16.马六退八　　马8进6　　17.车八进二　　炮5进4

18.仕六进五　••••••••••

137

红方如改走炮五进四,黑方则马3进5,车八平三,马6进7,车四进一,马5进6,马八进七,炮9平6,车四平六,炮6平8,黑方速胜。

18.………… 炮9平6 19.车四平二 马6进4

黑方跃马踩双,佳着。

20.炮八平七 炮5平3

黑方胜势。

第二种走法:车四进五

10.车四进五 马7进8 11.车四平二 …………

红方平车,牵制黑方车、马,正着。

11.………… 车8进3 12.马七进六 马8进9

黑方亦可改走车8平7,红方如接走车二退一,黑方则车7退1,马六进四,炮9进4,车二退五,炮9平5,仕六进五,前炮退2,马四进五,象3进5,车二进四,车7退1,车二平五,炮5进3,相三进五,车7平1,相九退七,车1平4,炮八进一,卒9进1,车五平四,卒1进1,车四进四,将5平4,车四退三,卒1进1,车八进六,卒1进1,车四平九,将4平5,车九进三,车4平2,炮八退四,车2进3,车九退五,车2平1,车九进三,马3进1,黑方多卒胜势。

13.车二退五 马9进8 14.炮五平七 …………

红方亦可改走仕六进五。

14.………… 马8退6 15.帅五进一 卒5进1
16.马六进七 卒5进1 17.马七进五 象3进5
18.炮七进五 马6退4 19.帅五平四 炮9平3
20.马三退五 马4进3 21.兵五进一 马3退5

黑方易走。

第69局　黑进车骑河对红飞相保兵(二)

1.炮二平五 马8进7 2.马二进三 车9平8
3.兵七进一 炮8平9 4.马八进七 卒7进1
5.车一进一 车8进5 6.相七进九 炮2平5
7.车一平四 马2进3 8.车九平八 车1进1(图69)

如图69形势,红方有两种走法:车四进五和仕六进五。现分述如下。

第一种走法:车四进五

9.车四进五 …………

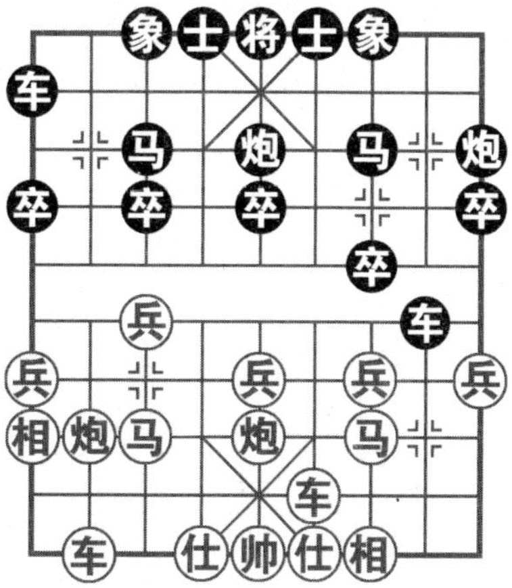

红方如直接走兵三进一,黑方则车8退1,车四进五,卒7进1,车四平三,车8退2,车三退二,炮9退1,红无便宜可占。

9.………… 马7进8

10.兵三进一 …………

红方弃兵,大胆之着,由此引起无限波澜。一般多走车四平二,车8进3,这样较为稳健。

10.………… 卒7进1

11.马三进二 …………

红方如改走车四平三,黑方则卒7进1,车三退三,车8平3,黑方反先。

11.………… 马8退6

12.马二进三 炮9进4

黑方如改走车1平7,红方则马三进一,象7进9,炮八进五,红方先手。

13.炮八进六 炮5平7 　14.相三进一 炮9平7

15.炮五平三 前炮平8

黑方平炮,是求变之着。如改走炮7退3,则炮三进四,象7进5,双方陷入互缠中,黑不难走。

16.马七进六 卒7进1 　17.炮三平七 炮8平5

18.马六进四 炮7平5 　19.马四退五 炮5进4

20.兵七进一 卒3进1

黑方吃卒弃马,不甘示弱,欲用多卒抢攻,均衡局势。

21.炮七进五 马6进5 　22.车八进四 卒5进1

23.马三进四 士6进5 　24.帅五进一 …………

红方上帅避攻,走得十分老练。

24.………… 卒3进1 　25.车八进二 马5退7

黑方如改走炮5平3兑炮,红方则炮七平二,对攻中也是红方多子易走。

26.相一进三 马7退6 　27.相七进九 卒5进1

28.炮七退二 将5平6 　29.炮七平四

红方多子易走。

第二种走法:仕六进五

9.仕六进五 车1平4 　10.车八平六 车4进8

图69（对应右侧棋盘图）

139

11. 仕五退六　马7进8　　12. 兵三进一　车8平7

13. 马三进四　马8进7　　14. 车四进一　马7进5

15. 相三进五　车7平8　　16. 炮八进二　车8退4

17. 仕四进五　炮9进4　　18. 马四进六　车8进8

19. 仕五退四　马3退1　　20. 炮八平九　车8退8

21. 相九退七　卒1进1　　22. 炮九平八　··········

红方亦可改走炮九进四,黑方如车8平1,红方则车四进四,卒9进1,车四平三,红方稍优。

22. ··········　炮5平7　　23. 车四平一　炮9退2

24. 马六退四　马1进3　　25. 炮八进二　车8平2

26. 马四进五　炮7平9　　27. 马五进七　车2进2

28. 前马退五　象3进5　　29. 马五退六　卒3进1

30. 兵七进一　前炮平3

黑方满意。

第70局　黑进车骑河对红飞相保兵(三)

1. 炮二平五　马8进7　　2. 马二进三　车9平8

3. 兵七进一　炮8平9　　4. 马八进七　卒7进1

5. 车一进一　车8进5　　6. 相七进九　炮2平5

7. 兵三进一　··········

红方弃兵胁车,是创新的走法。

7. ··········　车8退1

黑方退车,是稳健的走法。如误走车8平7,则车一平三,下伏相三进一再炮八进一打死车的手段,黑方难应。

8. 兵三进一　车8平7

9. 马三进四　马2进3

10. 车九进一　··········

红方高左车,准备平三邀兑,贯彻预定计划。

10. ··········　车1平2

11. 车九平三　车2进4(图70)

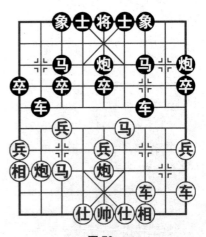

图70

黑方联车,正着。如改走车7进4,则车一平三,马7进6,车三进四,红方优势。

如图70形势,红方有两种走法:炮八退一和炮八退二。现分述如下。

第一种走法:炮八退一

12.炮八退一　车7进4　　13.车一平三　马7进6

14.炮八平七　炮9平6

黑方如改走炮5平6打马,红方则马四退六,车2进2,马六进八,象3进5,马八进七,也是红方易走。

15.车三进三　炮5退1

黑方退炮,出于无奈。如改走炮6进3,则车三平四,炮5平6,兵七进一,红方优势。

16.马四退六　车2平4　　17.炮七平三　象3进5

18.马六进八　炮5平3　　19.马八进九　‥‥‥‥‥‥

红方马踏边卒,是打破僵持的局面、谋取多兵之利的巧妙手段。

19.‥‥‥‥‥‥　马3进1　　20.炮五进四　士6进5

21.炮五平九　炮3平1

黑方如改走车4进3捉马,红方则马七进八,马6进5,车三进二,车4平7,车三退四,马5进7,马八进七,红方多兵占优。

22.仕六进五　卒9进1　　23.炮三平二　车4平1

24.炮二进五　炮1平3

黑方平炮,是寻求变化的走法。如改走马6退8兑炮,则炮八平二,炮1进5,黑方不难守和。

25.炮二平五　‥‥‥‥‥‥

红方平中炮,紧凑有力,是迅速扩大先手的紧要之着。

25.‥‥‥‥‥‥　将5平6　　26.炮五平四　将6平5

27.兵五进一　炮3平1　　28.相九退七　士5进4

29.相七进五

红方多兵占优。

第二种走法:炮八退二

12.炮八退二　‥‥‥‥‥‥

红方炮八退二,是改进后的走法。

12.‥‥‥‥‥‥　炮9退1　　13.炮八平七　车2平6

14.马四退二　车7进4　　15.车一平三　马3退5

16.仕六进五　炮9平7　　17.炮五平三　车6进2

18.炮三进六　车6平8　　19.炮三平四　马7进6

20.车三进四　炮5进4　　21.马七进五　马6进5

22.炮七进六　车8平6　　23.炮四平二　车6平9

24.炮二退二　象3进5　　25.车三进一　后马进3

26.炮二进一　马3退2　　27.车三平五

红方易走。

第71局　黑进车骑河对红飞相保兵(四)

1.炮二平五　马8进7　　2.马二进三　车9平8

3.兵七进一　炮8平9　　4.马八进七　卒7进1

5.车一进一　车8进5　　6.相七进九　炮2平5

7.车一平三(图71)·············

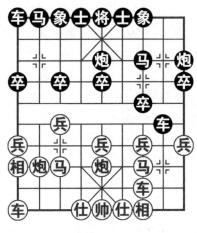

图71

红方马后藏车,是针对黑方骑河车而设计的一种新颖攻法,实战效果甚佳。

如图71形势,黑方有两种走法:卒7进1和车8退2。现分述如下。

第一种走法:卒7进1

7.·············　卒7进1

黑方如改走马2进3,红方则兵三进一,车8退1(如车8平7,则相三进一,车7进1,炮八进一,陷死黑车),马三进四,红方先手。

8.兵三进一　车8平7

9.车九进一　马2进3

10.马三退一　·············

红方退马兑车,好棋!是取势的紧要之着。

10.·············　车7进3　　11.车九平三　·············

兑车后,黑方左翼空虚,红方出子速度领先,赢得了主动权。

11.·············　马7进6

黑方跃马,出于无奈。如改走马3退5,则炮八进四,红方大占优势。

12.车三进八　车1平2　　13.马一进三　炮9平7

14. 马三进四　车 2 进 6　　15. 炮五平二　……………

红方平炮侧击,是攻守兼备之着。

15. ……………　炮 5 平 6　　16. 马七进六　……………

红方进马逼兑,佳着。

16. ……………　马 3 退 5

黑方如改走车 2 进 1 吃炮,红方则炮二进七,马 6 进 4,车三退二,将 5 进 1,马四进六,红方胜势。

17. 车三退一　马 6 退 8　　18. 车三平二　车 2 平 5

19. 相三进五　炮 7 进 3

黑方如改走马 8 进 7,红方则车二平四,黑方难免失子。

20. 马六退七　……………

红方回马捉车,一击中的! 令黑方难以应对了。

20. ……………　车 5 平 6　　21. 车二退二　车 6 进 3

22. 帅五进一　车 6 退 4　　23. 相五进三

红方多子,大占优势。

第二种走法:车 8 退 2

7. ……………　车 8 退 2

黑方退车卒林,是一种常见应法。

8. 炮八进四　车 1 进 2

黑方高右车,是灵活的走法。如改走车 8 进 3,则兵三进一,卒 7 进 1(如车 8 平 7,则炮八退三,车 7 退 1,炮八平六,陷死黑车),马三进四,卒 7 平 6,车三进六,红方优势。

9. 兵七进一　车 1 平 4　　10. 兵七进一　马 2 进 1

11. 车九进一　……………

红方亦可改走兵七进一,黑方如接走车 4 进 1,红方则车九平八,马 7 进 6,车三平四,马 6 进 7,车四进二,卒 7 进 1,马七进六,红方优势。

11. ……………　车 8 退 2　　12. 车三平六　……………

红方应以改走兵三进一,弃兵跃马争先为宜。

12. ……………　车 8 平 4　　13. 车六进六　车 4 进 1

14. 马七进八　车 4 进 3　　15. 车九平八　炮 5 平 2

16. 马八退七　车 4 进 2　　17. 车八平七　炮 2 退 1

18. 炮八退四　车 4 退 6　　19. 马七退五　车 4 平 3

20.炮八进四

红方先手。

第二节 红左马盘河变例

第72局 红左马盘河对黑补架中炮(一)

1.炮二平五 马8进7   2.马二进三 车9平8

3.兵七进一 炮8平9   4.马八进七 卒7进1

5.马七进六 ··········

红方进马控制河口,是急攻型的走法。

5.·········· 炮2平5

6.炮八进六(图72) ··········

红方进炮压马,压制黑方右翼子力。

如图72形势,黑方有两种走法:车8进5和车1进2。现分述如下。

第一种走法:车8进5

6.·········· 车8进5

黑方进车捉马,是力争主动的走法。如改走士4进5,则车九平八,车8进5,炮八退四,车8进1,炮五平七,马2进1,相七进五,

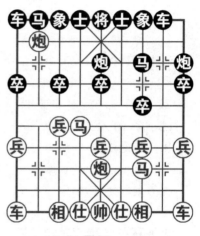

图72

车1平2,车一进一,车8平7,车一平八,车2进3,仕六进五,炮5进4,前车进二,炮5平3,炮七平八,车2退1,前炮进二,卒7进1,后车平七,卒5进1,兵七进一,卒5进1,车八平七,车2平4,马六进七,车4进4,前车平六,车7平4,兵七平八,马1进3,车七进六,象3进5,前炮进三,红方胜势。

7.马六进五 马7进6

黑方进马,是保持变化的走法。如改走马7进5,则炮五进四,士4进5,车九平八,车1进2,相七进五,车8平4,车一进一,红方易走。

8.车一进一 士4进5   9.兵三进一 ··········

红方弃兵,为马五退四陷住黑车创造条件,是灵活、有力之着,也是扩大先行之利的巧妙之着。

9.·········· 车8平7   10.马五退四 炮5平2

黑方平炮"关炮",必走之着,否则红方有相三进一,车7进1,炮八退六打死

车的手段。

11. 炮五退一　炮9平7　　12. 炮五平三　车1进1

13. 相七进五　车7进2　　14. 马四退三　车1平2

黑方如改走炮7进5,红方则炮三平八,红方优势。

15. 马三进四　炮2平6

黑方应改走炮2进7,红方如接走仕六进五,黑方则炮7进6,车一平三,象7进5,要比实战走法好。

16. 炮三进六　炮6进3　　17. 炮三退一　车2进5

18. 兵五进一　马2进3

黑方进马,嫌缓。应改走马6退4,则炮三平五(如兵五进一,则炮6平5,仕六进五,马4进3,黑方反占优势),象3进5,兵五进一,炮6平5,兑掉红炮后,黑方尚有谋和之机。

19. 车一平四　卒7进1　　20. 相五进三　车2平5

21. 车四平五　车5平6　　22. 车九平七　马6进8

23. 炮三平四　炮6平3　　24. 车七进四　车6退3

25. 车五平七　马3退4　　26. 前车进二　车6进2

27. 后车进三　马8进7　　28. 仕六进五　马7退9

29. 前车进三

红方大占优势。

第二种走法:车1进2

6. ………　车1进2　　7. 车九平八　车1平4

8. 马六进七　………

红方如改走炮八退四,黑方则卒3进1,马六进五,马7进5,炮五进四,士4进5,兵七进一,车8进3,炮五退二,车8平5,炮五进三,象3进5,炮八平一,马2进3,炮一进三,象7进9,双方均势。

8. ………　车8进5　　9. 兵七进一　………

红方如改走车一平二,黑方则车8进4,马三退二,炮5进4,仕四进五,士6进5,马二进三,炮5平3,兵七进一,炮3进1,马三退四,马7进6,炮八退二,马6进4,炮八平五,马4退5,车八进九,炮3退4,兵七进一,双方大体均势。

9. ………　炮5退1　　10. 兵七平八　马7进6

11. 仕四进五　象7进5　　12. 炮五平六　卒7进1

13. 兵三进一　车8平7　　14. 相三进五　车7进1

15.车八进四　车4进2　　16.车一平二　炮9平7

17.马三退四　车7平5　　18.车二进八　车5平3

19.兵八进一　炮7进1　　20.车二平四

红方主动。

第73局　红左马盘河对黑补架中炮(二)

1.炮二平五　马8进7　　2.马二进三　车9平8

3.兵七进一　炮8平9　　4.马八进七　卒7进1

5.马七进六　炮2平5　　6.马六进七　马2进3

黑方如改走车8进5,红方则相七进九,马2进3,炮八平七,炮5平6,车九平八,马7进6,仕四进五,象3进5,炮五平六,炮6进1,黑方满意。

7.炮八平七　马7进6

8.车九平八(图73)·············

如图73形势,黑方有两种走法:士4进5和车8进5。现分述如下。

第一种走法:士4进5

8.············　士4进5

9.车一进一　车8进5

10.车八进四　炮5进4

黑方炮打中兵,谋取实惠。

11.马三进五　马6进5

12.炮七退一　马5退4

黑方应改走象3进5为宜。

13.车八进一　车8平3

14.车八平六　车3退2　　15.车六平三　象3进5

16.车三进三　车3进3

黑方如改走车1平4,红方则车三平四,车4进2,炮五平三,象5进7,兵五进一,红方优势。

17.炮七平三　将5平4　　18.车三平四　象5进7

19.兵三进一　车3进3　　20.仕四进五　车3退4

21.车一进一　炮9平7　　22.炮五平三　象7进9

23.兵三进一　炮7平5　　24.兵三平四　车1平2

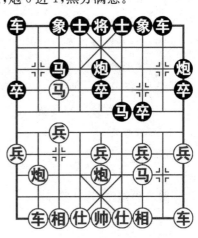

图73

25.车四平二

红方大占优势。

第二种走法：车8进5

8.…………　车8进5

黑方车骑河捉兵，是改进后的走法。

9.马七进五　象3进5　　10.炮七进五　炮9平3

11.炮五进四　士4进5　　12.相七进五　…………

红方如改走相三进五，黑方则马6进4，炮五退二，马4进3，车八进三，车1平4，仕四进五，车8退2，车一平二，车8平4，帅五平四，前车平6，帅四平五，车6平4，帅五平四，炮3退2，车二进四，前车平6，帅四平五，车4进8，车八进六，将5平4，炮五平四，马3退4，炮四平五，车6平2，车八平九，车2平4，车二平四，马4进3，帅五平四，马3进4，兵七进一，前车退3，车四进一，马4退3，黑方易走。

12.…………　车8退2　　13.炮五退一　车8平5

14.车八进五　马6进7　　15.车一进一　车1平4

16.车一平八　车4进6　　17.仕六进五　士5退4

18.前车平七　士6进5　　19.炮五进二　象7进5

20.车七进二　车4平1　　21.车七平八　马7退6

22.前车退一　车5平2　　23.车八进五　卒7进1

和势。

第74局　红左马盘河对黑补架中炮（三）

1.炮二平五　马8进7　　2.马二进三　车9平8

3.兵七进一　炮8平9　　4.马八进七　卒7进1

5.马七进六　炮2平5　　6.车九平八　马2进3

7.马六进七　…………

红方如改走车一进一，黑方则车1平2，炮八进四，士4进5，马六进七，车8进5，车八进四，马7进8，炮五平八，卒7进1，兵七进一，马8进6，车八平四，车2进3，兵三进一，车8退1，马七进五，象3进5，炮八平六，车8平3，相三进五，车2进3，车一平二，车2平1，车二进六，车1平2，双方均势。

7.…………　车1平2　　8.炮八进四　…………

红方左炮过河，封锁黑方右车，正着。

147

8. ………… 车8进5

9. 相七进九(图74) …………

如图74形势,黑方有两种走法:卒7进1和炮5退1。现分述如下。

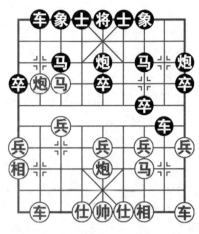

图74

第一种走法:卒7进1

9. ………… 卒7进1

黑方兑卒,企图威胁红方右翼。

10. 兵三进一 车8平7

11. 车一进二 马7进6

12. 炮五退一 …………

红方退炮,准备平移三路打车,是灵活的走法。

12. ………… 炮9平7 13. 炮五平三 马6进7

14. 车一平二 车7退1 15. 炮八平五 …………

红方如打卒照将,还可乘机兑车,佳着。

15. ………… 士4进5

黑方补士固防,正着。如误走马3进5,则车八进九,马5退3,马七进五,马3退2,马五进七,将5进1,车二进六,红方胜势。

16. 车八进九 马3退2 17. 马七进八 车7退1

18. 炮五退二 炮7退1 19. 马八退六 将5平4

20. 马六退五

红方略优。

第二种走法:炮5退1

9. ………… 炮5退1

黑方退中炮,是灵活多变之着。

10. 炮八退二 车8进3 11. 炮五平八 车2平1

12. 马七退六 卒1进1

黑方挺边卒,是抢先之着。

13. 仕四进五 卒1进1 14. 兵九进一 车1进5

15. 前炮进三 车8退3 16. 前炮平三 车8平4

17. 炮八平六 …………

红方平肋炮,防止黑方车1平2拴链,是逼走之着。

17.·········· 卒7进1　　18.相三进五　卒7进1

19.车一平四　车1退1　　20.车四进八　炮5平1

21.兵七进一　士4进5　　22.车八进八　士5进6

23.炮三退二　车1平3　　24.车四退一　炮1进1

黑方大占优势。

第75局　红左马盘河对黑补架中炮(四)

1.炮二平五　马8进7　　2.马二进三　车9平8

3.兵七进一　炮8平9　　4.马八进七　卒7进1

5.马七进六　炮2平5(图75)

如图75形势,红方有四种走法:马六进五、炮八进二、车一进一和相三进一。现分述如下。

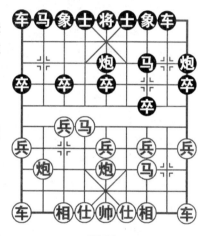

图75

第一种走法:马六进五

6.马六进五　··········

红方马踏中卒,交换后虽可谋得一卒,但却影响了出子速度。

6.·········· 马7进5

7.炮五进四　士4进5

8.炮八进六　··········

红方进炮压马,并不能控制黑方马的进路,如改走相七进五,则马8进7,炮五退二,车9平8,黑方出子速度快,亦呈反先之势。

8.·········· 车8进3　　9.炮五退二　车8平5

10.炮五进三　象3进5　　11.车九平八　马2进4

12.炮八退六　车1平2　　13.车一进一　车5平4

14.车一平八　车4进4

黑方进车捉马,并无必要。不如走车8进6,这样较为简明。

15.相三进五　车2进6　　16.仕四进五　车4平3

17.炮八平九　··········

红方平炮兑车,是摆脱黑方牵制的巧妙之着。黑如接走车2进2,则车八进一,车3平1,车八进七,红方可先弃后取,找回一子。

149

17.………… 车2平1 18.前车进二 车3退1

19.前车进五 车3平4 20.前车平七 士5退4

黑方退士,预作防范,是细腻之着。否则红方有车八进九,士5退4,车八平六弃车杀士的手段。

21.炮九平六 炮9退1 22.车七退一 车1平2

23.车八进三 车4平2 24.车七平六 马4进2

25.车六退二 卒3进1 26.兵七进一 马2进3

黑方易走。

第二种走法:炮八进二

6.炮八进二 马2进3 7.炮五平八 …………

红方如改走车九平八,黑方则车1平2,炮五平七,车8进5,马六进七,车8平3,马七进五,炮9平5,炮七进五,车3退3,相三进五,车2进4,车八进一,马7进6,仕四进五,马6进4,车一平四,车3进2,车四进四,车3平4,炮八退二,炮5平2,车八平六,炮2进5,车四平六,车4进1,车六进三,炮2平7,黑方多子占优。

7.………… 卒5进1 8.仕六进五 卒5进1

9.马六进七 卒5进1 10.马三进五 车8进3

11.马七退六 马7进5 12.马六进四 炮5进4

13.马四退五 车8平6 14.后炮平五 炮9平5

15.马五退七 车1平2 16.车一进二 车6进3

17.车九平八 车6平7 18.炮八进二 士4进5

19.炮五进五 象3进5 20.车一平六 马5进6

21.相三进五 车7平9

黑方足可一战。

第三种走法:车一进一

6.车一进一 马2进3 7.车九进一 …………

红方如改走炮八平七,黑方则车1平2,车九进一,车2进4,车九平六,车8进5,相三进一,士4进5,兵三进一,车8退1,车一平四,卒7进1,相一进三,车8平7,相三退一,车2平4,车四进三,马7进6,马三进二,炮5进4,仕六进五,马6进4,车六进三,炮9平4,车六平五,车4进2,车五平六,车4平3,黑方优势。

7.………… 车1平2 8.炮八平七 车8进5

9.车九平六	车2进4	10.车一平二	卒7进1
11.车二进三	卒7平8	12.车六平二	马7进6
13.马六进四	车2平6	14.车二进三	炮9平7
15.仕四进五	士4进5	16.兵一进一	炮5平6
17.相三进一	炮7进5	18.炮七平三	象7进5
19.车二进二	卒3进1	20.兵七进一	车6平3
21.炮五进四	马3进5	22.车二平五	卒9进1
23.兵一进一	车3平9	24.炮三平八	车9平2
25.炮八平二	炮6平8	26.炮二进四	

红方多兵占优。

第四种走法:相三进一

6.相三进一 ············

红方飞边相,是创新的走法。

6.············	马2进3	7.车九平八	车1平2
8.炮八进四	车8进6	9.仕四进五	士4进5
10.车一平三	车2进2	11.炮八退三	车8进2
12.车三平四	车2进3	13.车四进四	车8平7
14.马六进七	车2退1	15.车四退二	车2平6
16.炮八进六	士5退4	17.炮八退八	车6进3
18.仕五进四	车7平3	19.炮八进七	马7进6
20.仕四退五	车3退3	21.炮八平七	马6退4
22.炮七平三	车3退2	23.炮三退二	炮9退1
24.炮五平六	炮5平6		

黑方多子占优。

第三节 红平边炮变例

第76局 红平边炮对黑进车骑河(一)

1.炮二平五	马8进7	2.马二进三	车9平8
3.兵七进一	炮8平9	4.马八进七	卒7进1
5.炮八平九	············		

红方平边炮,准备亮出左车助攻。

5.·········· 车8进5

黑方进车骑河捉兵,展开反击。如改走马2进3,则车九平八,车1平2,车八进六,炮2平1,局势相对稳健。

6.兵五进一 ··········

红方冲兵拦车,正着。

6.·········· 炮2平5

黑方补架中炮还击,是车8进5骑河捉兵的后续手段。

7.车九平八 马2进3 8.车八进五 ··········

红方亦进车骑河捉卒,是针锋相对的走法。

8.·········· 车1平2

黑方出车邀兑,是改进后的走法。如改走车1进1,则车八平三,马7进8,马七进五,车1平6,炮九平七,车8进1,仕四进五,马8进9,相三进一,车8退2,车三进四,车6进5,车一平四,车6进3,马三退四,炮9平6,马四进三,马9进7,炮七平三,卒3进1,兵七进一,车8平3,兵五进一,炮5进2,炮五进三,车3平5,马五进七,车5平4,车三退三,红方优势。

9.车八平三 马7进8

10.车一平二 车8进4

11.马三退二 马8进9(图76)

如图76形势,红方有两种走法:仕四进五和车三进四。现分述如下。

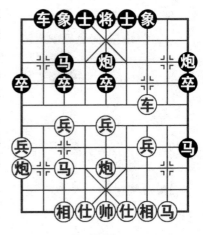

图76

第一种走法:仕四进五

12.仕四进五 ··········

红方补仕固防,伺机而动。

12.·········· 车2进6 13.马七进六 ··········

红方如改走车三进四,黑方则车2平3,车三退二,炮9退1,炮五平二,马9退8,车三退二,炮5进3,相三进五,车3平7,车三退二,马8进7,马七进五,象3进5,炮九平七,炮9平2,马五进三,士6进5,炮二进五,象5进7,马二进一,马7进9,炮七平一,炮2平3,炮一平三,卒3进1,炮三进五,马3进4,炮三平七,红方优势。

152

13. ⋯⋯⋯⋯ 马9进8

黑方马9进8,着法积极。这里另有两种走法:

①炮5进3,马六进五,象3进5,马五进七,车2平6(应改走炮9平3,车三平五,炮5进1,双方大体均势),车三平五,炮5进1,相三进一,炮9平3,马二进四,车6进2,车五退二,士6进5,兵三进一,马9退8,仕五进四,红方优势。

②车2平3,车三进四,炮5进3,马二进三,象3进5,车三退二,车3退1,马三进五,马9退8,炮五进二,车3平4,车三平五,士6进5,炮九平五,红方大占优势。

14. 兵五进一 炮9平8

黑方应改走卒5进1,红方如接走车三平五,黑方则士4进5,炮五进四,象3进5,相三进五,车2平1,双方大体均势。

15. 炮五平二	炮5进2	16. 相三进五	象3进5
17. 车三退一	车2平4	18. 马二进四	士4进5
19. 炮二进一	车4进2	20. 马六进七	车4退5
21. 马七退六	车4进1	22. 马四进五	车4平2
23. 马六进四	象5进7	24. 炮九平七	马3进4
25. 车三平六	马4进2	26. 炮七退一	马2进3
27. 车六平二	炮8进4	28. 车二退一	马8退6
29. 仕五进四	车2进4	30. 炮七平二	

红方多子占优。

第二种走法:车三进四

12. 车三进四 ⋯⋯⋯⋯

红方进车掠象,是改进后的走法。

12. ⋯⋯⋯⋯ 车2进6

黑方如改走马9进8,红方则仕六进五,炮9平8,炮五平二,车2进6,车三退二,也是红方易走。

13. 车三退二 马9进8   14. 仕六进五 车2平3

15. 炮五平二 ⋯⋯⋯⋯

红方平炮弃马,是进车掠象的后续手段,也是扩大先手的巧妙之着。如改走马七退六,则炮5进3,车三退三(如车三平二,则车3平6,车二退六,炮9平7,黑方得车,胜定),炮9平7,黑方胜定。

15. ⋯⋯⋯⋯ 车3进1   16. 相三进五 车3退1

17.炮二进一　·········

红方进炮打车,利用顿挫将黑车赶到"暗处",是紧凑有力之着。

17.·········　车3进1

黑方如改走车3平7,红方则炮二进六,将5进1,车三平二,红方亦大占优势。

18.车三平一　卒3进1　　19.炮二进六　士6进5

20.车一进二

红方优势。

第77局　红平边炮对黑进车骑河(二)

1.炮二平五　马8进7　　2.马二进三　车9平8

3.兵七进一　炮8平9　　4.马八进七　卒7进1

5.炮八平九　车8进5　　6.兵五进一　炮2平5

7.车九平八　马2进3　　8.车八进五　炮5进3

黑方炮打中兵,着法强硬。

9.马七进五　炮5进2

黑方如改走象3进5,红方则炮五进二,车8平5,车一平二,黑方左马受牵制。

10.车八平三　·········

红方平车吃卒,正着。如改走相七进五,则象3进5,兵三进一,车8退1,兵三进一,车8平7,车八平三,象5进7,车一平二,卒5进1,双方平稳。

10.·········　炮5平2

11.车三进二　象3进5

12.马五进六　卒5进1(图77)

黑方进中卒弃马,正着。如改走马3退5,则车三平一,象7进9,马六进五,马5进7,马五进七,将5进1,马七进九,马7进6,兵三进一,车8平7,车一平二,红方大占优势。

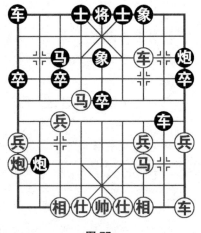

图77

如图77形势,红方有两种走法:马六进七和兵三进一。现分述如下。

154

第一种走法:马六进七

13.马六进七 …………

红方吃马,是谋取实利的走法。

13.………… 车1进2   14.马七进八 …………

红方如改走马七退九,黑方则车8平3,黑方有攻势。

14.………… 车1平2

黑方应以改走车1平4为宜。

15.马八退六 车2平4

黑方平车捉马,先后次序颠倒,是此局失利的根源。应改走车8平5,红方如接走仕四进五,黑方则车2平4,马六退四,炮9平6,车三平四,炮2进2,炮九平五,车5平3,黑方弃子有攻势。

16.车三退三 …………

红方退车邀兑,佳着。

16.………… 车8退4

此为必走之着。如改走车8平7,则马六退四,将5进1,兵三进一,红方大占优势。

17.马六退四 车8平6   18.马四退二 …………

红方多子占优。

第二种走法:兵三进一

13.兵三进一 …………

红方进兵捉车,迫使黑方车离开要道。

13.………… 车8进1   14.马六进七 车1进2

15.马七进六 …………

红方以马换士,着法正确。如改走马七进八,则车1平2,马八退六,车2平4,马六退四,炮9平6,车三平四,炮2进2,仕四进五,车8平3,相三进五,车4进6,黑方大占优势。

15.………… 将5平4   16.仕四进五 车1平4

17.相三进五 …………

红方飞相,着法不当。应改走车一平二,黑方则车8进3(如车8平3,则车二进八,车3进3,车二平八,炮2进2,炮九平六,将4平5,相三进五,红方大占优势),马三退二,车4进4,双方各有顾忌。

17.………… 车8平4

黑方平车,暗伏弃车叫杀的手段,妙着!

18.相五退三 ··········

红方退相,是无奈之着。如改走车一平四,则前车进3,仕五退六,车4进7,帅五进一,车4退1,帅五退一,炮2进2,黑胜。

18.·········· 卒5进1 19.车三平四 ··········

红方平车占肋,嫌软,应以改走车一平二为宜。

19.·········· 士6进5 20.车四退二 象5退3

黑方退象,准备补架中炮,佳着。

21.车一平二 炮9平5

黑方优势。

小结:在互进七路兵(卒)变例中,红方第5回合车一进一后,黑方车8进5骑河车捉兵,是力争主动的走法。第6回合红冲中兵,从中路进攻,黑方炮2平5补架中炮,势在必行。第7回合红方兵三进一挺兵捉车,是近年挖掘出来的新变着,以后车一平三马后藏车,其实战结果是红方占优势。第6回合红方相七进九飞相保兵,是缓步进取的走法。第7回合红方车一平三,着法别致,实战效果甚佳。红方第5回合马七进六进马控制河口,亦属常见走法,黑方炮2平5半途列炮后,红方炮八进六进炮压马,压制黑方右翼子力,较易掌握主动。红方第5回合炮八平九平边炮,黑方车8进5进车骑河捉兵,比直接炮2平5补架中炮有力。红方第6回合兵五进一冲兵拦车,正着。黑方补架中炮还击,力争主动。红方第8回合车八进五进车骑河捉卒,是针锋相对的走法,实战结果是红方较易掌握先手。

实战对局选例

第1局

浙江于幼华(先胜)大连卜凤波

(1992年8月26日于广州)

"味极王杯"八省市象棋邀请赛

1. 炮二平五　马8进7　　2. 马二进三　车9平8

3. 兵三进一　炮8平9　　4. 马八进七　炮2平5

形成中炮进三兵对三步虎转半途列炮的阵势。黑方补架中炮,是力争对攻之势的走法。如改走卒3进1,炮八进四,象7进5,马三进四,也是红方持先。

5. 车九平八　马2进3　　6. 车一进一　…………

红高横车,另辟蹊径。一般多走兵七进一,活通马路。

6. …………　车8进4　　7. 车一平四　卒7进1

8. 车四进三　…………

红方升车巡河,正着。如改走车四进五,则卒7进1,车四平三,车8退2,车三退二,炮9退1,红无便宜可占。

8. …………　车1平2

9. 炮八进四　卒3进1

10. 炮八平七　士4进5

11. 车八进九　马3退2

12. 车四进二　卒7进1

13. 车四平三　车8退2

14. 车三退二　马7进6(图1)

15. 马三进四　…………

如图1形势,红方进马取势,是保持主动的有力之着。

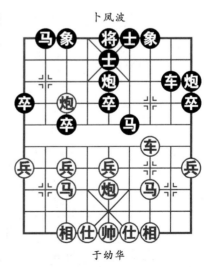

卜凤波

图1

于幼华

157

15. ………… 车8平7

黑方如改走马6进4,则炮五平三,黑方难以应付红方的攻势。

16. 车三进三　马6退7　　17. 相七进九　炮9进4

18. 兵七进一　卒3进1　　19. 相九进七　象3进1

黑方应改走炮5平3牵制红方右翼,较为积极。

20. 炮五平三　马7进6　　21. 马四进二　马6进8

22. 炮三进二　士5进6　　23. 相七退五　马2进4

黑方跳马捉炮,不如改走炮9平8捉马,再炮8进1,要比实战走法为好。

24. 炮七退二　马8进7　　25. 仕六进五　炮9进3

26. 马二进三　…………

红方进马攻象,乘机将右马之位调好,灵活的走法。

26. ………… 象7进9　　27. 马三退四　象9进7

28. 兵五进一　马4进2

黑方应改走马7进9,再马9退8,较为顽强有力。

29. 马七进六　马2进3　　30. 马四进六　炮5平4

31. 后马进七　象1退3　　32. 兵五进一　马7退6

33. 马六退五　…………

红方兑马巧着,迅速扩大了优势。

33. ………… 马3进5　　34. 炮三平五　马6进5

35. 兵五进一　士6进5　　36. 兵五平六　炮4平5

37. 炮七进五　…………

红方进炮打象,攻守两利之着。

37. ………… 炮9平8　　38. 兵六进一　炮5进1

39. 兵六进一　将5平6　　40. 帅五平六　炮5平7

41. 帅六进一　炮8退6

黑方如改走炮7平6,则炮五进二,士5进4,马七进八,炮8退1,仕五进四,红方速胜。

42. 相三进五　炮8平3　　43. 炮五平四　炮7平6

44. 兵六平五　…………

红方平兵吃士,占据黑方九宫中心,并拴住了黑方一炮,已是胜利在望了。

44. ………… 炮6进1　　45. 炮七平八　炮3平2

46. 兵九进一　象7退5　　47. 帅六退一　炮2退1

158

48. 炮八平五　象5退3　　49. 炮五平八　炮2平4

50. 炮六退一　炮4进1　　51. 帅六平五　卒9进1

52. 炮四进三　炮6平5　　53. 炮四平八　…………

红方右炮左移,攻击点十分准确。

53. …………　象3进1　　54. 炮八进一　炮4平5

55. 帅五平六　象1进3　　56. 兵五平四　将6平5

57. 炮六平七

黑如接走前炮平4,则炮八进一,将5平4,兵四平五,绝杀红胜。

第2局
黑龙江赵国荣(先胜)河北阎文清
(1997年11月11日于上海)
第二届"广洋杯"象棋大赛

1. 炮二平五　马8进7　　2. 马二进三　车9平8

3. 兵三进一　炮8平9　　4. 马八进七　炮2平5

5. 车九平八　马2进3　　6. 马三进四　…………

红方进马,是急攻型的走法。如改走炮八平九或兵七进一,则局势相对稳健。

6. …………　卒3进1　　7. 车一进一　…………

也可径走炮五平三,试探黑方应手。

7. …………　车1平2　　8. 炮八进四　车8进5

黑方车8进5,是反击力较强的走法。如改走车8进4巡河,则比较稳健。

9. 炮五平三　…………

此时卸中炮,不如改走车一平四(如车一平三,则卒7进1,炮八退二,马7进6,黑方反先),黑如续走:①车8平7,炮八平三,车2进9,炮三进三,士6进5,炮三退五,车2平3,炮三退二,对攻中红方较优。②炮9进4,马四退三,炮9平7,相三进一,车8进1,车四进六,马7退8,车四退二,炮5平7,兵五进一,红方主动。

9. …………　车8平7　　10. 炮八平三　马7退5

11. 车八进九　马3退2　　12. 车一平四(图2)　马2进3

如图2形势,黑方进马,嫌缓。应改走炮9进4比较紧凑。红如续走相七进五,则车 7 进 1,仕六进五,炮 9 平 5,黑方主动。

　　13.相七进五　　车 7 进 1

　　14.仕六进五　　炮 9 进 4

　　此时炮打边兵已时过境迁。改走炮 5 平 6,车四平二,马 5 进 6,车二进二,车 7 退 2,车二进二,车 7 进 2,双方可以不变作和。

　　15.车四平二　　炮 9 平 5

　　16.车二进七　　前炮退 1

　　黑方如改走马 3 进 2,则车二平三,象 7 进 9,后炮平一,红方优势。

　　17.车二平三　　车 7 平 6

　　18.前炮进三　　马 5 退 7

　　黑方应先象 7 进 9 避一手为好。

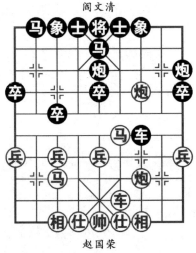

阎文清

赵国荣

图 2

　　19.炮三进七　　士 6 进 5　　　20.炮三平一　　士 5 进 6

　　黑方补士,正着。如改走将 5 平 6,则车三进一,将 6 进 1,马四进三,后炮平 7,马七进五,红方胜势。

　　21.马四进三　　前炮退 1　　　22.马三进二　　前炮平 9

　　23.炮一平二　　炮 9 进 5

　　黑方沉底炮,谋求对攻。如改走马 3 进 4,则车三进一,将 5 进 1,车三退四,马 4 进 3,炮二平七,红方胜势。

　　24.车三进一　　将 5 进 1　　　25.车三退七　　马 3 进 4

　　26.车三平一　　…………

　　红方平车捉炮,简明。如改走炮二平七,则将 5 平 4,马二进四,将 4 进 1,马四退五,将 4 平 5,车三平一,炮 9 平 8,车一进四,也是红方优势。

　　26.…………　　马 4 进 3

　　黑方如改走炮 9 平 8,则炮二退九,车 6 平 8,马二退四,车 8 进 3,车一进四,红方胜势。

　　27.车一退二　　马 3 进 1　　　28.马七退八　　…………

　　红方弃还一马,延缓黑方攻势,机警的走法。

　　28.…………　　马 1 进 2　　　29.炮二平七　　马 2 退 4

　　30.车一平六　　车 6 平 1　　　31.车一平四　　炮 5 平 2

32. 车四平五　……………

红方应改走仕五进六,较为简捷。

32. …………　炮2平5　　33. 帅五平六　马4退3

34. 帅六平五　马3进4　　35. 帅五平六　马4退3

36. 帅六平五　马3退4

黑方属于长杀,必须变着。

37. 马二退四　将5平6　　38. 马四进二　将6平5

39. 马二退三　车1平2　　40. 车五退一　车2退3

41. 马三退四　马4退3　　42. 炮七退四　车2平6

43. 车五退一　车6进1　　44. 炮七退五　马3进4

45. 马四退三　车6进2　　46. 车五平六　车6平7

47. 车六进一　车7进1　　48. 帅五平六　将5平6

49. 车六进四　车7退4　　50. 车六退一　将6退1

51. 车六退一　……………

红方牵住黑方车炮,再升起七路炮助攻,胜局已定。

51. …………　车7平5　　52. 仕五进四　将6进1

53. 炮七进一　车5平3

黑方如改走炮5平6,则车六平四,将6进1,炮七平四,将6平5,炮四平五,红胜。

54. 相五进七　车3进2

黑方如改走车3平5,则相三进五,黑方亦难守和。

55. 炮七平四　将6平5　　56. 炮四平五　将5平6

57. 车六平五　车3进4　　58. 帅六进一　车3平6

59. 车五退五　卒1进1　　60. 车五平九　卒1进1

61. 车九进二　车6退2　　62. 炮五进一

红胜。

第3局

上海赵玮(先胜)沈阳卜凤波

(2010年9月17日于东莞凤岗)
第四届"杨官璘杯"全国象棋公开赛

1.炮二平五　马8进7　　2.兵三进一　车9平8

3.马二进三　炮8平9　　4.马八进七　炮2平5

5.车九平八　马2进3　　6.马三进四　车1进1

7.炮八平九　车1平4　　8.车八进四　车4进7

黑方肋车进下二路,较为激进。也可改走卒3进1,仕四进五,士6进5,静观其变。

9.仕四进五　车8进4

黑方可考虑改走车8进8,炮五平三,卒5进1,相三进五,马3进5,马四进三,士6进5,结果要优于实战。黑方另如改走车4平3捉马,车八退二,车8进4,马四进三,车8进3,炮五平四,黑车孤军深入,局面被动。

10.炮五平三　卒5进1　　11.炮三退一　车4退5

12.马四进三　马7进5　　13.相三进五　…………

红方阵型工整,局面主动。黑方中路突破被遏制。

13.…………　士6进5　　14.兵七进一　车8进2

15.车八进二　车4进3　　16.车八平七　炮9平6

黑方炮9平6被红方简明交换形成少兵局面,不如改走车4平3,炮三进一,炮9平8,炮九进四,炮8进1,炮九退一,象3进1,保持局面的复杂性。

17.马三退四　车4平3　　18.马四进五　车8退3

19.炮三进一　车8平5　　20.车七平五　马3进5

21.炮九退一　炮6进5

黑方如改走卒5进1,则炮九平七,车3平4,炮三进一,车4退3,兵五进一,马5进6,黑方亏卒,但子力活跃,还有一搏的机会。

22.仕五进四　车3进1　　23.车一平二　卒5进1

24.兵五进一　象7进9

黑方如改走炮5进3,则炮九平五,车3退2,炮三进七,红方优势。

25.车二进九　士5退6(图3)

26.车二退六　…………

如图3形势,红车占据要道,攻守兼备。黑方中路的突破也成为强弩之末,红方势必形成多兵大优局面。

　26. ………… 　车3进1
　27. 炮九进五 　车3平7
　28. 兵五进一 　…………

红方冲中兵时机刚好,已经完全控制局面。

　28. ………… 　马5退3
　29. 炮九平三 　车7进1
　30. 帅五进一 　车7退1
　31. 帅五退一 　车7进1
　32. 帅五进一 　车7平4
　33. 兵七进一 　…………

红方双兵渡河,胜利在望。

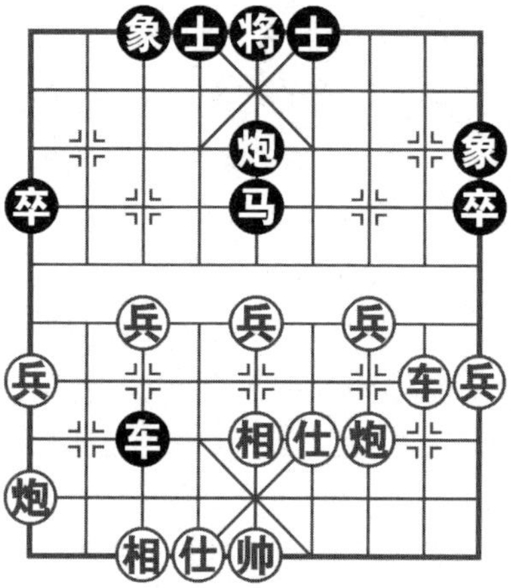

卜凤波

赵玮

图3

　33. ………… 　车4退6　　34. 车二平七 　车4平6
　35. 帅五退一 　车6进4　　36. 兵七进一 　马3退2
　37. 兵七平六 　马2进1　　38. 兵六进一 　炮5平6
　39. 车七进六 　车6退4　　40. 兵六进一 　士6进5
　41. 后炮进一 　炮6退1　　42. 前炮进二

红胜。

第4局
上海胡荣华(先胜)黑龙江赵国荣
(1984年2月27日于昆山)
"昆化杯"象棋大师赛

　1. 炮二平五 　马8进7　　2. 马二进三 　车9平8
　3. 兵七进一 　炮8平9　　4. 马八进七 　车8进5

形成中炮七路马对三步虎的阵势。黑方进车捉兵有嫌轻进,不如改走卒7进1,待红车一进一后再车8进5骑河捉兵为宜。

　5. 相七进五 　炮2平5　　6. 兵三进一 　…………

红方弃兵陷车，紧凑有力。

6. ………… 车8平7

黑方如改走车8退1，则车一平二，也是红方优势。

7. 车一进二 马2进3 8. 炮八退一 车7退1

9. 炮八平三 车7平6 10. 车一平二 马7退5

黑方退马解困，势所必然，否则马三进二，黑难抵挡。

11. 车九进一 卒7进1 12. 马三进二 …………

红方如改走车二进六，则炮5平7，马三进二，卒7进1，炮三进六，马5进7，马二进三，炮9进4，兵五进一，也是红方易走。

12. ………… 卒7进1 13. 马二进一 炮9进4

黑方炮打边兵，既使底象有活动之路，又可平7进行阻击。

14. 车二进六 炮9平7 15. 炮三进三 …………

红方进炮打卒，不够紧凑。不如改走炮五平三，炮7进2（如车6进3，后炮进二，车6平7，车二平四，红方胜势），车九平三，卒7进1，炮三平五，更为有利。

15. ………… 炮7进1

黑方进炮捉马进行反击，顽强的应手，否则红方车九平三，黑势将立即崩溃。

16. 车九平六 车6退1

黑方如改走炮7平3，则炮五平三，炮5进4，车六进二，车6进1（如炮5退2，车二平四，红胜），炮三退一，炮5退2，车二平四，车6平5，仕四进五，红方胜定。

17. 车六进六 …………

红方进车士角，利用黑方限时紧张之机，步步紧逼。如改走马一退二，炮7平3，炮五平三，炮5进4，车六进二，炮5退2，马二进三，对攻中也是红占主动。

赵国荣

胡荣华

图4

17. ………… 车6平9

黑方应改走车1平2，较为顽强。但如改走炮7平3，则马一退三，炮5进4，炮五进四，红方胜势。

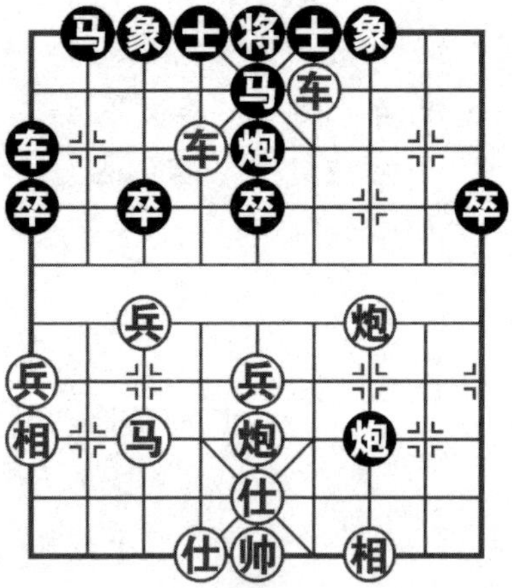

18. 车二平四 车1进2 19. 仕四进五 马3退2（图4）

黑方如改走车9退3，则帅五平四，象7进9，炮五进四，红亦胜势。

164

20.车六进二 ……………

如图4形势,红方弃车促成妙杀,精妙绝伦! 如误走帅五平四,则炮5平6,车四退一,车9平6,车四退一,马5进6,红方攻势瓦解,双方均势。

20.…………… 将5平4 21.车四进一 将4进1

22.炮三平六 马5进7 23.车四平五

红胜。

第5局

上海胡荣华(先胜)广东吕钦

(1994年4月24日于桂林)

第5届"银荔杯"冠军赛

1.炮二平五 马8进7 2.马二进三 车9平8

3.兵七进一 炮8平9 4.马八进七 车8进5

5.兵五进一 炮2平5

形成中炮七路马对三步虎转半途列炮的阵势。黑方补架中炮,针锋相对的走法。

6.马七进五 马2进3 7.炮八平七 象3进1

8.车九平八 卒7进1 9.兵三进一 车8退1

10.兵三进一 车8平7 11.炮七退一 …………

红方退炮,准备右移攻击黑方7路车马,灵活有力之着。

11.…………… 马7进6 12.炮七平三 马6进7

黑方也可改走车7平8弃象,摆脱牵制。

13.车一平二 炮9平7 14.车二进三 士4进5

黑方如改走车1进1,则车八进六,也是红方易走。

15.仕四进五 车1平4 16.车八进三 炮7进1

17.炮五平六 车4进2 18.相三进五 炮5平7

19.车二进三 象7进5(图5) 20.相五进三 …………

如图5形势,红方扬相别马,一击中的,由此谋得一象占优。

20.…………… 前炮进2

黑方如改走马7退5,则马三进四,红方得子。

21.马五进三 炮7进3

22. 车八平三　炮7进2

23. 车三进二　象5进7

24. 车二退四　炮7退1

黑方如改走炮7退2,则炮三进四,车4平7,炮六平三,也是红方优势。

25. 车二进一　炮7进1

26. 车二平三　炮7平9

27. 炮三进四　车4平7

28. 炮六平二　车7退2

29. 炮二平七　车7进2

黑方如改走炮9平8,则炮三进二,士5退4,兵五进一,黑方难以应付。

30. 炮七进四　炮9平2

31. 炮七平八　马3进4

32. 兵七进一　………………

红兵过河,如虎添翼,黑难抗衡了。

32. ………………马4进6　　33. 兵七进一　炮2退2

34. 兵七平六　卒5进1　　35. 炮三进一　………………

红方进炮叫抽,秩序井然。如改走兵五进一,则炮2平5,帅五平四,马6退8,车三进一,马8进9,红方小有麻烦。

35. ………………士5退4　　36. 兵五进一　炮2进4

37. 兵五平四　车7平3　　38. 炮八平七　车3平8

39. 车三平五　士6进5　　40. 炮三平五　将5平6

41. 车五平四　车8进7　　42. 仕五退四　车8退4

43. 炮七退五

红胜。

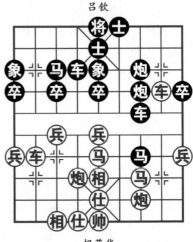

吕钦

胡荣华

图5

第6局

广东吕钦(先胜)黑龙江陶汉明

(2009年12月11日于广东惠州)

全国象棋甲级联赛

1.炮二平五　马8进7　　2.马二进三　车9平8

3.兵七进一　炮8平9　　4.马八进七　炮2平5

双方以中炮七路马对三步虎转半途列炮布阵。黑方补架中炮,系比较强硬的应法,如改走卒7进1,马七进六,马2进3,局面相对稳健。

5.马七进六　…………

红方跃马河口,是吕钦喜用的走法。如改走兵三进一,车1进1,车九平八,车1平4,炮八平九,马2进3,黑方也可对抗。

5.…………　卒7进1　　6.马六进七　…………

红方马踏3卒,新的尝试。以往曾走炮八进六,车1进2,车九平八,车1平4,马六进七,车8进5,兵七进一,炮5退1,兵七平八,马7进6,仕四进五,象7进5,炮五平六,卒7进1,兵三进一,车8平7,相三进五,车7进1,车八进四,车4进2,车一平二,炮9平7,马三退四,车7平5,车二进八,车5平3,兵八进一,炮7进1,车二平四,红方主动。

6.…………　马2进3

黑方进马,正常出动子力。也可考虑改走车8进5提兵,红如接走相七进九,再马2进3,炮八平七,炮5平6,车九平八,马7进6,仕四进五,象3进5,炮五平六,炮6进1,黑方足可对抗。

7.炮八平七　马7进6　　8.车九平八　士4进5

9.车一进一　车8进5　　10.车八进四　炮5进4

黑方炮打中兵,简明实惠的走法。

11.马三进五　马6进5　　12.炮七退一　马5退4

黑方回马捉车,失策。应改走象3进5,较为工稳。

13.车八进一　车8平3　　14.车八平六　车3退2

15.车六平三　象3进5

黑方如改走象7进5,则车三进二,炮9退2,炮五平二,炮9平8,炮七平二,也是红方优势。

16.车三进三　车3进3

167

黑方如改走车1平4,则车三平四,车4进2,炮五平三,象5进7,兵三进一,也是红占优势。

17.炮七平三　将5平4(图6)

18.车三平四　…………

如图6形势,红方平车催杀,紧凑有力之着。黑如接走车3平7吃兵,则炮三进八,车7退6,车一平六,将4进5,炮五进五,士5进4,炮五平七,红方大占优势。

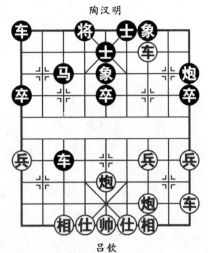

陶汉明

图6

吕钦

18.…………　象5进7

19.兵三进一　车3进3

20.仕四进五　车3退4

21.车一进一　炮9平7

22.炮五平三　象7进9

黑方如改走炮7进3,则相三进五捉双。

23.兵三进一　炮7平5　24.兵三平四　车1平2

25.车四平二　…………

红方平车塞象眼,有力一击,顿令黑方难以招架了。

25.…………　象9进7　26.后炮进四　车3平7

27.车二退一　炮5平6　28.相三进五　车7进1

29.后炮平四　炮6进5　30.车一平四　马3进2

31.车四进二

黑方少象失势不敌,遂停钟认负。

第7局
上海胡荣华(先胜)河北李来群
(1987年4月6日于福州)
第6届全运会团体预赛

1.炮二平五　马8进7　2.马二进三　车9平8

3.兵七进一　炮8平9　4.马八进七　炮2平5

5.兵三进一　马2进3　6.车九平八　车1进1

形成中炮两头蛇对三步虎转半途列炮的布局阵势。黑高横车，正着。如改走车8进4，车一平二，车8进5，马三退二，车1进1，炮八进六，红方主动。

7. 车一进一　车8进4　　8. 车一平四　卒7进1

9. 车四进三　车1平4(图7)

10. 炮八进三　　…………

李来群

如图7形势，红方进炮打车是胡荣华对原来马七进六走法的积极改进，它打破了原来的平稳局面，从而引出新的一系列变化来。如改走马七进六，车4进3，炮五平六，卒7进1，车四平三，车4平7，车三进一，车8平7，局势相对平稳。

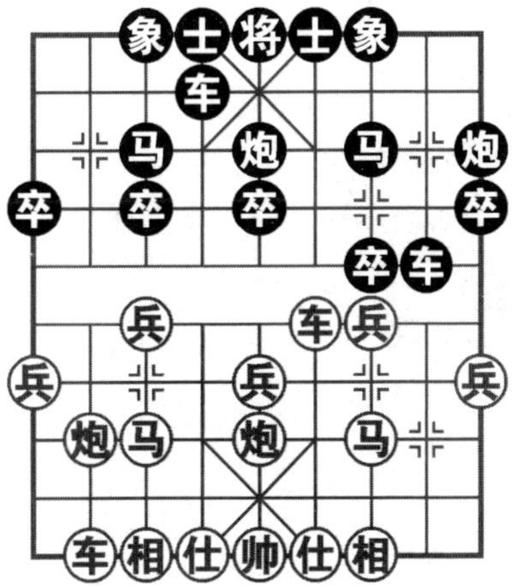

10. …………　车8进2

胡荣华

图7

黑方进车，也是寻求变化的走法。如改走卒7进1，则车四平三，红方易走。

11. 兵七进一　　…………

红方弃七兵，是进炮打车的续进手段。

11. …………　车4进6　　12. 马七进八　卒3进1

13. 炮八平三　马7进8

黑方应该走士6进5，较为含蓄。

14. 仕六进五　车4进1　　15. 车四进一　卒3进1

16. 马八进七　马8进9

黑方如改走车4退5，则车四平七(亦可车八进六，士4进5，马三进四或炮三进一，红方先手)，卒3平4，炮三进一，卒5进1，兵三进一，红方优势。

17. 车四进三　士6进5　　18. 马七进五　…………

红方以马换取中炮，是简化局势扩大先手的好棋。如改走车四平三，则车8退6，红方反难控制局势。

18. …………　象3进5　　19. 炮三进二　象5退3

20. 车八进六　车4平3　　21. 车八平七　…………

红方弃相压马，力争主动的走法。

21. …………　车3进1　　22. 仕五退六　马9进8

23. 仕四进五　车3退3　　24. 兵三进一　车3平1

25. 马三进四　车8平6　　26. 马四进五　马3进5

27. 炮五进四　‥‥‥‥‥

红方以炮轰马,正着。如改走车四退五,则马5进4,红方反而麻烦。

27. ‥‥‥‥‥　士5进6　　28. 炮三平二　炮9退1

29. 炮五退一　马8退6　　30. 仕五进四　车6平5

31. 帅五平四　‥‥‥‥‥

红方出帅,机警。如改走仕四进五,则车5退2,黑方下伏车5进4手段,红方反而不好。

31. ‥‥‥‥‥　车5退2　　32. 车七平三　象7进9

33. 炮二进二

红胜。

第8局

河北刘殿中(先胜)江苏廖二平

(1990年10月14日于杭州)

全国象棋个人赛

1. 炮二平五　马8进7　　2. 马二进三　车9平8

3. 兵七进一　炮8平9　　4. 马八进七　炮2平5

双方由中炮七路马对三步虎转成后补列炮的阵势。黑方如改走卒7进1,炮八进二,双方另有不同攻守。

5. 兵三进一　车1进1　　6. 车九平八　马2进3

7. 车一进一　车8进4　　8. 车一平四　卒7进1

9. 车四进三　车1平4　　10. 炮八进三　车8退2

11. 兵七进一　卒3进1　　12. 炮八平三　士6进5

黑方补士,使得右车车路受阻。应改走车4进6捉马,红如接走马七进八,再士6进5,仕六进五,车4退4,炮五平七,马7进8,黑可抗衡。

13. 马七进六　马3进4　　14. 车四进四　卒3进1

15. 车四平三　车8退4

黑方如改走卒3平4,则车三退一,红方下伏车三进二,或炮三进四的手段,明显占主动。

16. 马六退四　马4进2　　17. 车八进一　马2进3

18. 车八平七　马3退4　　19. 马四进二　马7进6

170

黑方跃马,力求一搏。如改走马4进6,则马二进三,炮5平3,车七平四,也是红方优势。

20.车三进一　士5退6　　21.车三平一　　‥‥‥‥‥

红平边车,下伏炮三进四的攻击手段,进攻方向十分准确。

21.‥‥‥‥‥　车4平7

黑方如改走车8平7,则马二进一,车7平6(如车7进1,则车一退二,红方得子胜定),炮三进四,士6进5,车七进三,红方大占优势。

22.车七进三　炮9进4　　23.车一退三　炮9平7

24.炮三退二　车7进4　　25.炮五进四　　‥‥‥‥‥

红方炮轰中卒,构思十分精巧!

25.‥‥‥‥‥　炮5进4

黑炮反打中兵准备拼力一搏,亦属无奈之举。如改走马4退5,则车七平三,红方得车胜定。

26.马三进五　马6进5(图8)　　27.车七平六　　‥‥‥‥‥

如图8形势,红方紧握战机,弃车砍马,巧演了一则车马炮攻"将"的精彩杀局,可谓一击中的!

27.‥‥‥‥‥　车7平4　　28.炮三进六　将5进1

29.车一进二　将5进1

30.马二进三　将5平4

31.炮三平六　　‥‥‥‥‥

红方炮轰底士,机警之着。如误走马三进四,士4进5,马四退二,车4进4,帅五进一,马5进7,黑方反败为胜。

31.‥‥‥‥‥　车4平5

32.马三进四　士6进5

33.马四退二　马5退7

34.仕四进五　马7进6

35.帅五平四　马6进8

36.帅四平五　车5退2

37.炮六平二

红方多子占势胜定。

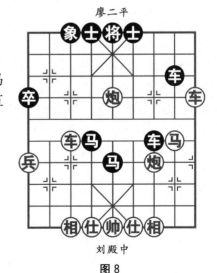

廖二平

刘殿中

图8

171

第9局

湖北柳大华(先胜)上海胡荣华

(1992年5月21日于江西抚州)

全国象棋团体赛

1.炮二平五　马8进7　　2.马二进三　车9平8

3.兵七进一　炮8平9　　4.马八进七　炮2平5

5.车九平八　马2进3　　6.兵三进一　车1进1

7.车一进一　车8进4　　8.车一平四　卒7进1

9.车四进三　车1平4　　10.炮八进三　…………

红方炮八进三驱赶黑车,构思巧妙!黑如接走卒7进1,则车四平三,红方明显占优。

10.…………　车8进2　　11.兵七进一　卒3进1

12.炮八平三　…………

红方弃兵后再平炮打卒胁象,是骑河炮打车的续进手段。

12.…………　士6进5　　13.马七进六　…………

红方如改走仕六进五,则车4进7,马七进八,马7进8,马八进九,马3进4,车四进四,炮5进4,马三进五,车8平5,车八进六,炮9进4,对攻中黑不难走。

13.…………　马3进4

黑方如改走炮5进4,则马三进五,车8平5,炮三进四,车5平4,车八进四,卒3进1,车八平七,马3进2,车七进一,后车进4,车四平六,车4退1,车七平八,象3进5,炮三退一,也是红方优势。

14.车四进四　卒3进1　　15.车四平三　车8退4

16.马六退四　马4进2　　17.车八进一　车4进4

18.炮三平八　车4平7

黑方如改走炮5平2,则马四进三,车8退2,车三退一,象7进5,车三进一,象5进7,车三退三,也是红方优势。

19.车三进一　士5退6(图9)　　20.炮五进四　…………

如图9形势,红方利用黑方车马被牵的弱点炮打中卒,是迅速扩大优势的有力之着。

20.…………　士4进5

黑方如改走马7进5,则车三退五,红方得车占优。

172

胡荣华

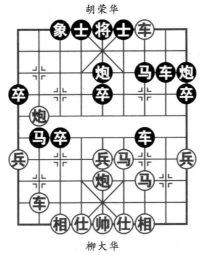

柳大华

图9

21.炮八进四　象3进1　　22.炮八平四　马7进5
23.车三退五　士5退6　　24.车三平七　马5进4
25.相七进五　马2退3　　26.马四进三

黑方缺士少象难以抵挡红方车双马的攻势,红方胜定。

第10局
四川李少庚(先胜)浙江陈寒峰
(2009年6月16日于湖南耒阳)
"蔡伦竹海杯"全国象棋精英邀请赛

1.炮二平五　马8进7　　2.兵七进一　车9平8
3.马二进三　炮8平9　　4.马八进七　炮2平5

双方形成中炮两头蛇对三步虎转半途列炮的阵势。黑方补架中炮,是争取对攻之势的走法。如改走卒7进1,则双方另有不同攻守。

5.兵三进一　马2进3　　6.车九平八　车1进1
7.车一进一　车8进4　　8.车一平四　车1平4

黑方横车控肋,试探红方应手。也可考虑改走卒7进1,红如接走车四进三,车1平4,炮八进三,车8进2,兵七进一,卒3进1,炮八平三,车4进7,形成双方各有顾忌的互缠之势。

173

9.炮八进三 …………

红方进炮骑河,防止黑方兑卒争先,含蓄的走法。

9.………… 车 4 进 5 10.车四进五 车 4 平 3

11.车四平三 …………

红车吃卒压马,改进后的走法。如改走车八进二,则炮 5 平 4,仕六进五,炮 4 进 1,车四进二,士 4 进 5,炮五平四,象 3 进 5,炮四进一,车 3 退 1,相七进五,车 3 平 7,炮四进二,车 8 进 6,车四退三,车 7 进 2,炮八进二,卒 3 进 1,车八进四,炮 4 退 3,车八平七,卒 7 进 1,车四平六,马 7 进 8,车六进三,马 8 进 7,马七进八,马 7 进 5,黑方弃子占势易走。

11.………… 车 8 退 2 12.车八进二 炮 5 退 1

13.马三进四 卒 3 进 1

黑方如改走炮 5 平 7,则车三平四,马 7 进 8,炮八平三,红方占优。

14.炮八进二 象 7 进 5 15.兵三进一 炮 5 平 7

16.车三平一 象 5 进 7(图 10)

17.马四进六 …………

陈寒峰

如图 10 形势,红方利用黑方车双马被牵的弱点,硬是虎口跃马捉双,巧妙地谋得一车,扩大了优势。

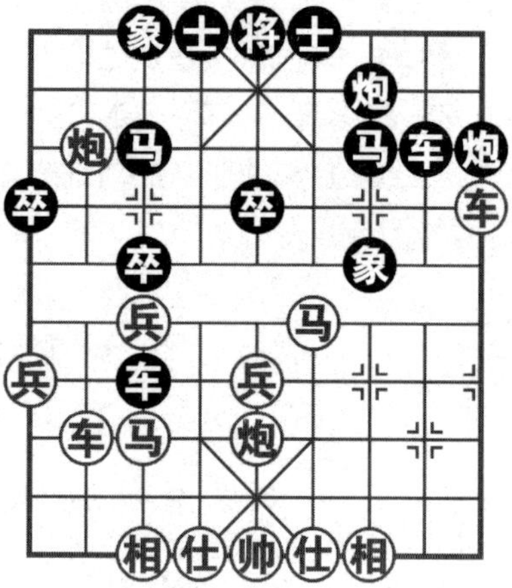

17.………… 象 7 退 5

黑方退象攻相,无奈之举。如改走马 3 进 4(如车 3 平 4,则马六进四),则炮八平二,红亦得车,大占优势。

18.马六退七 炮 7 进 8

19.仕四进五 炮 7 退 3

20.仕五退四 炮 7 进 3

黑方如改走炮 7 平 3,则相七进九,红亦多子大占优势。

李少庚

图 10

21.仕四进五 炮 7 平 9 22.车一平三 后炮退 2

黑方如改走卒 3 进 1,则前马进五,卒 5 进 1,帅五平四,卒 5 进 1,兵五进一,也是红方优势。

23.炮八退一 车 8 进 7 24.仕五进四 车 8 退 2

25.车三退六 车 8 平 7 26.后马退五 …………

红方一着回马金枪,迅速地瓦解了黑方的攻势,巧妙!

26.………… 车7进1

黑方如改走车7进2,则马五退三,炮9平7,兵七进一,炮7进9,帅五进一,象5进3,炮八平七,红亦多子胜定。

27.炮五平一

红方兑炮,多子胜定。

第11局
上海谢靖(先胜)福建陈泓盛
(2012年2月7日于福建晋江)
晋江市"张瑞图杯"象棋个人公开赛

1.炮二平五　马8进7　　2.马二进三　车9平8

3.兵七进一　炮8平9　　4.马八进七　炮2平5

5.车九平八　马2进3　　6.兵三进一　车1进1

7.马七进八　…………

双方以中炮两头蛇对三步虎转半途列炮列阵。红方进外马,比较少见的走法。另有两种走法:①车一进一,车8进4,车一平四,卒7进1,车四进三,车1平4,双方互缠。②炮八平九,车1平4,车八进六,车4进5,马七进八,以下黑方可车4平2,或车4平3,双方对抢先手。

7.………… 车8进4　　8.车一平二　车8进5

9.马三退二　车1平4　　10.马二进三　车4进3

11.马八进七　卒7进1　　12.炮八平七　炮5退1

13.兵三进一　炮5平7　　14.车八进三　…………

红方也可考虑改走马三进二,黑如车4平7(如炮7进3,则车八进八,以后有马七进九攻着),则炮五平三,象3进5,相七进五,马7进8,炮三进六,车7退3,车八进三,马8进6,兵五进一,红方主动。

14.………… 车4平7　　15.炮五平六　马7进8

16.相七进五　炮9平7

黑方平炮急于反击,着法急躁。应改走象7进5,双方对峙。

17.马三进四　马8进7(图11)　　18.马七退六　…………

如图11形势,红方敏锐地发现黑方虽然在右翼子力云集但没有实质有效的手段,于是果断退马攻击黑方 3 路线。

18.············ 马 7 进 6

黑方为自己的草率付出代价,硬着头皮也要往上冲了。此时不能走象 7 进 5,因红方有炮七进五,前炮平 7,马四进五踩双,红方得子。

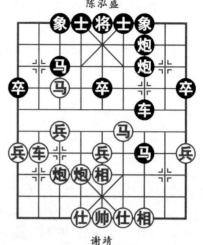

陈泓盛

谢靖

图 11

19. 帅五进一　车 7 进 5

20. 炮六退一　前炮进 6

21. 帅五平四　前炮平 4

22. 炮七进五　车 7 退 1

23. 帅四进一　卒 5 进 1

经过转换后,红方多得一大子,虽然帅处高位却有惊无险。黑方进中卒无奈,如改走车 7 退 6,则马六进五,车 7 平 6,帅四退一,恰好红方以后进帅先手捉炮,多子胜定。

24. 车八进三　车 7 退 2　　25. 车八平四　士 4 进 5

26. 马四进二　车 7 平 5

黑方顽强的走法是车 7 进 1,帅四退一,车 7 进 1,帅四进一,卒 5 进 1,兵五进一,车 7 退 4,炮七退二,车 7 平 8,炮七平五,将 5 平 4,红方优势,黑方还可支撑。

27. 炮七平三　炮 7 平 8　　28. 马六退四　············

红方确保多子局面,胜势。

28.············ 炮 4 退 6　　29. 炮三退四　车 5 退 1

30. 马四进五　炮 4 平 6　　31. 车四进一　士 5 进 6

32. 马三退五　卒 5 进 1　　33. 炮三进五

黑方认负。

第 12 局

北京张强(先胜)浙江陈寒峰

(2009 年 6 月 18 日于湖南耒阳)

"蔡伦竹海杯"全国象棋精英邀请赛

1. 炮二平五　马 8 进 7　　2. 兵三进一　车 9 平 8

3. 马二进三　炮 8 平 9　　4. 马八进七　炮 2 平 5

5. 兵七进一　马 2 进 3　　6. 炮八进一　…………

　　双方以中炮两头蛇对三步虎转半途列炮布阵。红方高左炮,比较少见。一般多走车九平八,车 1 进 1,车一进一,车 8 进 4,车一平四,卒 7 进 1,车四进三,车 1 平 4,炮八进三,双方另有不同攻守。

　　6. …………　车 1 平 2

　　黑方如改走车 8 进 4,则车一平二,车 8 平 2,炮八平七,卒 7 进 1,车二进六,卒 7 进 1,车二平三,马 3 退 5,车三退二,炮 9 退 1,马三进四,红方略好。

7. 炮八平七　炮 5 退 1　　8. 炮七进二　象 3 进 5

9. 车一平二　车 8 进 9　　10. 马三退二　卒 7 进 1

11. 兵三进一　象 5 进 7　　12. 马二进三　…………

　　红方进马,似不如改走车九进一先活通大车为宜。

12. …………　象 7 退 5　　13. 马三进四　车 2 进 4

14. 炮五平四　车 2 退 1　　15. 马七进六　卒 5 进 1

　　以上一段,黑方先引离红方中炮,再诱出红方左马后冲中卒威胁红方中路,战术组合走得十分成功,巧妙地反夺了主动权。

16. 相七进五　卒 5 进 1　　17. 兵五进一　炮 5 进 4

18. 仕六进五　车 2 进 3　　19. 马四进三　炮 9 平 8

　　黑方也可改走炮 9 进 4,先得实惠。

20. 马三退五　士 6 进 5　　21. 炮四平二　车 2 平 6

22. 炮七平八　车 6 平 2　　23. 炮八平五　…………

　　红方还应改走炮八平七,静观其变为宜。

23. …………　车 2 平 7　　24. 兵七进一　车 7 进 3

　　黑方进车吃相,似不如改走车 7 退 2 捉马,红如接走马六进七(如兵七进一,则马 3 退 1,黑方得子),则炮 8 进 2,兵七平六,炮 8 平 5,马七退五,马 3 进 4,黑可得子,稳操胜算。

25.车九平七　车7退2

黑可先走车7退5捉马,红如接走马六进七,再车7进3,车七进四,车7平5,要比实战走法为好。

26.炮二进二　车7退3　　27.马六进七　炮8进2

28.车七进四　炮8平5

黑炮打马,失算!应改走炮5进1,红如接走马五退三,炮5退3,马七进九,炮8平3,还是黑方易走。

29.车七平五　炮5退1(图12)　　30.马七进九 ••••••••••

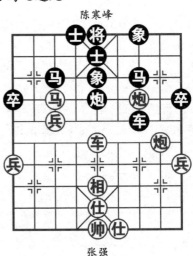

陈寒峰

图12

张强

如图12形势,红方抓住黑方的疏漏,艰难地度过了危机,这着进马袭槽更是局势逆转的有力之着。

30.•••••••••　车7退1

31.马九进七　将5平6

32.兵七进一　马3退1

黑方退马,失算!应改走车7进1,兵七进一,炮5平6,主动弃还一马后还可支撑。

33.炮二退二　将6进1

34.炮二平四　士5进4

35.兵七平六　将6平5

36.兵六进一 ••••••••••

红方应改走车五平二,更为紧凑有力。

36.•••••••••　马1进2

黑方希望通过弃还一子来缓解局势,舍此也别无好棋可走了。

37.马七退八　炮5进4　　38.车五退二　车7平2

39.车五平六　将5退1　　40.兵六进一　马7进5

黑方如改走士4进5,则车六平七,车2进3,炮四平五,红亦胜势。

41.炮四平五　将5平6　　42.车六进三　马5退7

43.车六退二　车2平6　　44.帅五平六　车6进2

45.炮五平四　车6平5　　46.兵六进一　将6进1

47.车六进五　将6进1　　48.炮四退一　马7进8

49.仕五进四　马8进6　　50.车六退二

红方得子胜定。

178

第 13 局
上海胡荣华(先胜)河北李来群
(1984 年 1 月 12 日于广州)
第 4 届"五羊杯"冠军赛

1.炮二平五　马 8 进 7　　2.马二进三　车 9 平 8

3.兵七进一　卒 7 进 1　　4.马八进七　炮 8 平 9

5.车一进一　车 8 进 5　　6.兵五进一　…………

形成中炮横车七路马对三步虎的阵势。红挺中兵拦车,也可改走相七进九,较为含蓄多变。

6.…………　炮 2 平 5　　7.车一平四　马 2 进 3

8.车九平八　车 1 平 2　　9.炮八进四　…………

红方进炮封车,亦可改走炮八进二守护中兵。

9.…………　炮 5 进 3　　10.仕六进五　象 7 进 5

11.车四进五　士 6 进 5　　12.车四平三　马 7 退 6

黑方退马避捉,老练的走法。红如续走兵三进一,则车 8 平 7,马七进五,炮 5 进 2,相三进五,车 7 平 5,黑势不弱。

13.车三平一　炮 9 平 7　　14.车一平三　…………

红方吃掉一个边卒,舍弃了一先,含有静观其变之意。

14.…………　车 8 进 1　　15.马七进五　炮 5 进 2

黑方兑炮,不如改走卒 5 进 1 为好。红如续走炮五平七,则车 8 平 7,相三进五,车 7 平 6,黑方多卒易走。

16.相三进五　车 8 进 1　　17.兵三进一　…………

红方兑兵,暗设"机关"。黑如续走卒 7 进 1,则马五进三,车 8 平 7,马三进二,红方得车。

17.…………　卒 5 进 1　　18.马五进四　车 8 平 7

19.马四进三　马 6 进 7　　20.车三进一　卒 7 进 1

21.车三退一　…………

经过一番兑换,黑马呆滞,红方略占优势。

21.…………　车 7 退 1　　22.炮八进一　士 5 退 6

23.兵一进一　…………

红方冲中兵,保持变化。

179

23. ………… 马3退5　　24. 兵一进一　车7平1

25. 车三平七　卒5进1　　26. 车七平六　车1退2

27. 兵一进一　马5进7　　28. 兵一进一　…………

红方如改走车六平三,则马7进9,车三平一,卒5平4,和势。

28. ………… 马7进6　　29. 车六进二　卒5平4

30. 兵一平二　卒4平3　　31. 兵二进一　士6进5

黑方应改走马6进5,伏车1平4邀兑为好。

32. 车八进六　马6退7　　33. 兵二平三　车1平6

34. 炮八进一　卒3平4　　35. 相五进三　卒1进1

36. 车八平三　车6平7　　37. 车三平九　车7平2

38. 车九平二　前车平8

黑方如误走车2进1吃炮,则车二进三,士5退6,车二平四,将5平6,车六进一,红胜。

39. 车二平六　车8平2(图13)

40. 炮八平五　…………

如图13形势,红方弃炮轰士,演成了一个绝妙的残局杀法,弈来甚是精彩!

40. ………… 士4进5　　41. 兵三平四　象3进1

42. 前车平五　马7退5　　43. 车六平二

黑如续走将5平4,则兵四平五,绝杀,红胜。

李来群

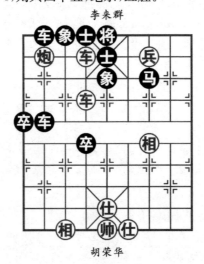

胡荣华

图13

180

第14局

火车头金波(先负)江苏徐天红

(1999年11月11日于江苏镇江)

全国象棋个人赛

1.炮二平五　马8进7　　2.马二进三　车9平8

3.兵七进一　卒7进1　　4.马八进七　炮8平9

5.车一进一　…………

形成中炮七路马对三步虎的阵势。红高横车,开动右翼主力。也可改走马七进六窥视黑方中卒,双方另有不同攻守。

5.…………　车8进5　　6.兵五进一　炮2平5

7.炮八进二　马2进3　　8.车九平八　车1进1

9.兵七进一　…………

红方冲兵巧渡,嫌急。不如改走车一平四,车1平4,车四进二,较为稳健。

9.…………　车8平5　　10.兵七进一　车5平3

11.兵七进一　车3进2　　12.炮八进五(图14)　车1平4

如图14形势,黑方平车抢占肋道,是大局感极强的走法,也是争先取势的紧要之着。如改走车3退5,则车一平六,士6进5,车六进四,互缠中红不难走。

13.炮五进五　炮9平5

14.相三进五　…………

红可改走相七进五,要比实战走法为好。

14.…………　马7进6

15.仕四进五　车4进7

黑方车塞"相眼",紧凑有力之着,已令红方难以应付了。

16.车一平四　炮5进5

17.帅五平四　炮5平6

黑方献炮叫将,巧妙!红如接走帅四平五,则马6进5,车四进一,车3平6,仕五进四,马5进3,黑方得车胜定。

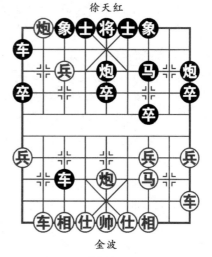

徐天红

金波

图14

181

18.车四进一　车3平6

红如续走仕五进四,则车4进1,帅四进一,马6进5,帅四平五,马5进3,黑方得车胜定。

第15局
广东许银川(先胜)黑龙江陶汉明
(2008年5月14日于广东惠州)
全国象棋甲级联赛

1.炮二平五　马8进7　　2.马二进三　车9平8

3.兵七进一　卒7进1　　4.马八进七　炮8平9

5.车一进一　车8进5　　6.兵五进一　炮2平5

黑方补架中炮,演成后补列炮的阵势,不甘示弱的走法。

7.兵三进一　车8退1

黑方退车巡河,正着。

8.车一平三　…………

红方马后藏车,改进后的灵活走法。

8.…………　卒7进1　　9.马三进五　马2进3

黑方进右马,似不如改走马7进6,红如接走马五进三,则炮5进3,马七进五,马6进5,炮五进二,炮9平5,马三进四(如炮五进三,则马5退7,炮五平四,红方稍好),炮5进3,马五退四,卒5进1,马五进三,车1进2,形成红方兵种齐全,但黑方多中卒可以对抗的局面。

10.马五进三　车8平7　　11.车九进一　车1平2

12.马三退五　车7进4　　13.车九平三　马7进6

14.炮八退一　炮5退1

黑方如改走卒5进1,则炮八平五,炮5进3,马五进三,士4进5,车三平四,炮9平7,马三进四,马6进7,后炮进三,炮7进7,仕四进五,马7进5,仕五进四,卒5进1,马四进三,将5平4,车四平六,卒5平4,马七进六,红方优势。黑方又如改走车2进6,则炮八平五,马6进5,马七进五,士4进5,马五进三,车2平4,前炮平三,士5进6,炮三进七,士6进5,相三进五,车4进2,炮五平四,炮5进3,仕四进五,车4退4,马三退四,炮5进1,炮三平一,也是红方优势。

15.炮八平五　炮9平7　　16.相三进一　车2进6

182

17. 兵五进一　马6进5　　18. 马七进五　炮7平5

19. 马五进六　马3退2

黑方退马,避捉。如改走卒5进1吃中兵,则前炮进五,象3进5,马六进七,红方多子占优。黑又如改走前炮进2,则马六进七,前炮进4,仕四进五,炮5进6,相七进五,象3进5,车三进五,也是红方多子占优。

20. 马六进五　象3进5(图15)　　21. 兵五进一 ···········

如图15形势,红方中兵成功渡河后,随时伏有兵五进一破中象的攻击手段,迅速扩大了优势。

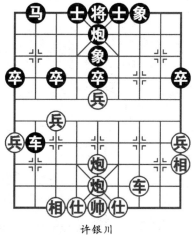

陶汉明

许银川

图15

21. ··········　车2平9

22. 相一退三　车9平1

23. 车三进六　车1平6

24. 兵五进一　炮5进6

25. 相七进五　象7进5

26. 车三进一 ···········

红方进车伏有捉死黑马的手段,逼迫黑方补士后可以带"将"先手吃掉黑象,灵活的走法。

26. ··········　士6进5

27. 炮五进六　将5平6

28. 仕四进五　车6退4　　29. 炮五退四　马2进4

30. 车三进一　将6进1　　31. 车三退三 ···········

红方退车抢占卒林要道,紧凑有力之着。

31. ··········　车6进4　　32. 炮五进四　车6退4

33. 炮五退四　车6进4　　34. 炮五进四　卒9进1

35. 炮五平七　马4进2　　36. 车三平七 ···········

红方谋得黑卒,演成了车炮兵仕相全可胜车马卒双士的残棋,已是胜券在握。

36. ··········　马2进1　　37. 车七平九　马1进2

38. 车九平一　车6退2　　39. 车一进二　将6进1

40. 车一退一　将6退1　　41. 炮七进一　士5进6

42. 车一进一　将6退1　　43. 车一进一　将6进1

44. 车一平六　…………

红车破士,加快了胜利步伐。

44. …………　车6进2　45. 车六平一　车6退2

46. 车一退三　将6退1　47. 车一平六　车6进2

48. 仕五进六　卒9进1　49. 仕六进五　…………

红方乘机调整仕相位置,不给黑方一丝可乘之机,稳健的走法。

49. …………　卒9平8　50. 车六进三　将6进1

51. 车六退四　卒8进1　52. 兵七进一　卒8平7

53. 兵七进一　卒7进1　54. 车六平三　卒7平6

黑方如改走卒7平8,则兵七进一,红亦胜势。

55. 车三进三　将6退1　56. 炮七平四

黑如接走士6退5,则炮四退六,红方胜定。

第16局
黑龙江王琳娜(先胜)河北尤颖钦
(2011年4月10日于江苏句容)
第三届"句容茅山·碧桂园杯"全国象棋冠军邀请赛

1. 炮二平五　马8进7　2. 马二进三　车9平8

3. 兵七进一　炮8平9　4. 马八进七　卒7进1

5. 车一进一　车8进5　6. 兵五进一　炮2平5

7. 兵三进一　…………

红方兵三进一,是湖北新锐汪洋在2006年全国个人赛上挖掘出来的新变着,进一步丰富了这一布局的变化。红方此时另有车一平四、马七进五、车九平八等变化。

7. …………　车8退1(图16)

黑方如改走车8进1,则兵三进一,车8平7,马七进五,车7退2,炮八退一,马7进6,炮八平三,马6进7,车九进一,车1进1,车九平四,车1平8,车四二,炮9平7,兵一进一,车8进5,仕四进五,马2进3,车一进二,车8平9,马三进一,马7进9,相三进一,炮7进6,马一进三,红方优势。

8. 车一平三　…………

如图16形势,红方马后藏车,布局献兵的精华所在。红方如改走马七进五

184

或马三进五,则马7进6,红方中路盘头马容易被拆散。

8.………… 马2进3

9.马三进五 卒7进1

10.马五进三 …………

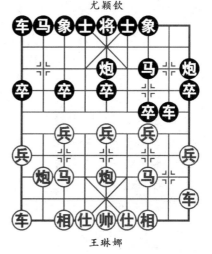

尤颖钦

王琳娜

图16

红方进马踩卒,好棋!迫使黑方巡河车顶马,再联车闪马逼兑黑车,黑方左翼顿显空虚。

10.………… 车8平7

11.车九进一 车1平2

12.马三退五 车7进4

13.车九平三 马7进6

14.炮八退一 卒5进1

黑方如改走炮5退1,则炮八平五,炮9平7,相三进一,车2进6,兵五进一,马6进5,马七进五,炮7平5,马五进六,马3退2,马六进五,象3进5,兵五进一,红方大占优势。

15.炮八平五 马6进5   16.后炮进二 卒5进1

17.后炮进二 士4进5   18.车三进八 …………

红方斩获底象,形势大优。

18.………… 车2进7   19.车三退二 车2平3

20.车三平一 车3退2   21.后炮进四 将5平4

22.后炮退二 象3进5   23.车一平五 马3退2

24.炮五平六 …………

形成车炮对车马的残局,黑马的位置太差,黑方败局已定。

24.………… 将4平5   25.炮六平一 车3进1

26.兵一进一 车3退1   27.相七进五 车3平8

28.炮一平三 车8退5   29.炮三进六 车8平7

30.炮三平二 车7进1   31.炮二进一 车7退1

32.炮二退一 将5平4   33.车五平八 马2进4

34.车八平七

黑方无力抵抗,认负。

第17局

浙江于幼华(先胜)上海胡荣华
(1987年4月于福州)
第6届全运会团体预赛

1.炮二平五　马8进7　　2.马二进三　车9平8

3.兵七进一　卒7进1　　4.马八进七　炮8平9

5.车一进一　车8进5　　6.相七进九　炮2平5

7.兵三进一　………

形成中炮对三步虎转半途列炮的阵势。红方兵三进一是于幼华的新尝试。一般多走车一平四,双方另有不同变化。

7.………　车8退1

黑方退车,稳健的走法。如改走车8平7,则炮五退一,黑车受困。

8.兵三进一　车8平7　　9.马三进四　马2进3

10.车九进一　车1平2　　11.车九平三　车2进4

黑方联车,正着。如改走车7进4,则车一平三,马7进6,车三进四,红方占优。

12.炮八退一　车7进4　　13.车一平三　马7进6

14.炮八平七　炮9平6

黑方应改走炮5平6,红如接走车三进三,则象3进5,较为稳健。

15.车三进三　炮5退1

黑方退炮,出于无奈。如改走炮6进3,则车三平四,炮5平6,兵七进一,红方大占优势。

16.马四退六　车2平4

17.炮七平三　象3进5

18.马六进八　炮5平3(图17)

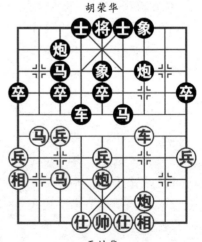

胡荣华

于幼华

图17

19.马八进九　………

如图17形势,红方马踏边卒,是打破僵持局面谋取多兵之利的巧妙手段。

19.………　马3进1　　20.炮五进四　士6进5

186

21.炮五平九　炮3平1

黑方如改走车4进3捉马,则马七进八,马6进5,车三进二,车4平7,车三退四,马5进7,马八进七,红方多兵占优。

22.仕六进五　卒9进1　　23.炮三平二　车4平1

24.炮二进五　炮1平3

黑方平炮,是寻求变化的走法。如改走马6退8兑炮,则炮八平二,炮1进5,黑方不难守和。

25.炮二平五　…………

红方平中炮,紧凑有力,是迅速扩大先手的紧要之着。

25.…………　将5平6　　26.炮五平四　将6平5

27.兵五进一　炮3平1　　28.相九退七　士5进4

29.相七进五　士4进5　　30.炮四平五　将5平4

31.车三进二　炮6平9　　32.兵九进一　…………

红方弃边兵,摆脱牵制,巧着。黑如接走车1进1,则兵五进一,红亦大占优势。

32.…………　车1平2　　33.炮五退一　炮1进4

34.车三平七　炮1进4　　35.车七进三

红方弃车演成巧妙杀势,黑如接走象5退3,则炮九平六,又如将4进1,则炮九平六,均为红胜。

第18局
广东吕钦(先负)上海胡荣华
(1987年1月2日于广州)
第7届"五羊杯"冠军赛

1.炮二平五　马8进7　　2.马二进三　车9平8

3.兵七进一　炮8平9　　4.马八进七　卒7进1

形成中炮七路马对三步虎的阵势。黑挺7卒,是正确的选择。如改走车8进5,则相七进九,炮2平5,兵三进一,车8平7,车一进二,红方伏有炮八退一的攻击手段,占优。

5.车一进一　炮2平5　　6.车九平八　马2进3

7.车一平四　车8进5　　8.相七进九　车1平2

187

9. 炮八进四　士4进5　　10. 兵三进一　　··········

红方弃兵，准备跃马争先。如改走车四进五，则马7进8，车四平二，局势相对平稳。

10.　··········　车8平7　　11. 马三进四　　··········

红方如改走车四进一，则马7进8，炮八退五（如炮八退二，则车7进1，炮八退三，车7平8，黑不难走），马8进7，黑方足可抗衡。

11.　··········　车7进4　　12. 马四进六　车7退2

13. 相九退七　马7进8　　14. 炮八退三　　··········

红方应改走马六进七（如马六进四，则马8进7，黑方易走），炮9平3，炮八平五，车2进9，马七退八，炮3进3，炮五退二，要比实战走法为好。

14.　··········　卒7进1　　15. 马七进八（图18）

红方如改走车四进四，则马8进6，马六退四，卒7平6，也是黑方优势。

15.　··········　车2进5

如图18形势，黑方弃车砍马，构思巧妙！是弃子争先战术的典范之作。

16. 马六退八　马8进6

17. 车八进二　炮5进4

18. 仕六进五　　··········

红方如改走炮五进四，则马3进5，车八平三，马6进7，车四进一，马5进6，马八进七，炮9平6，车四平六，炮6平8，黑方速胜。

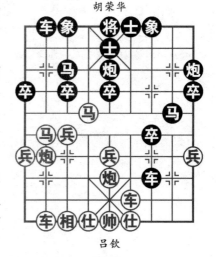

胡荣华

吕钦

图18

18.　··········　炮9平6

19. 车四平二　马6进4

20. 炮八平七　炮5平3

黑方得回一子，已是胜利在望。

21. 车八平六　炮3平2　　22. 马八进七　炮2进3

23. 相七进九　车7平5　　24. 车六进一　　··········

红方如改走车六平五，则马4进3，帅五平六，马3退5，黑方得子。

24.　··········　车5平1　　25. 车六平八　车1进2

26. 车八退二　炮2平3　　27. 兵七进一　炮3退4

188

28. 仕五退六　车1退3　　29. 车八平七　车1平5

30. 仕六进五　炮3平5　　31. 兵七平六　卒7平6

32. 兵六进一　炮6平7

红方不敌黑方车双炮卒的强大攻势,黑胜。

第19局

河北李来群(先胜)北京张强

(1995年10月11日于吴县市)

全国象棋个人赛

1. 炮二平五　马8进7　　2. 马二进三　车9平8

3. 马八进七　炮8平9　　4. 兵七进一　卒7进1

5. 炮八平九　…………

形成中炮七路马对三步虎的阵势。红平边炮,准备亮出左车助攻,以往多走马七进六或炮八进二,双方另有攻守。

5. …………　车8进5

黑方进车骑河捉兵,展开反击。如改走马2进3,车九平八,车1平2,车八进六,炮2平1,局势相对稳健。

6. 兵五进一　炮2平5

黑方补架中炮还击,是车8进5骑河捉兵的续进手段。

7. 车九平八　马2进3　　8. 车八进五　…………

红亦进车骑河捉卒,是针锋相对的走法。

8. …………　车1平2　　9. 车八平三　马7进8

10. 车一平二　车8进4　　11. 马三退二　马8进9

12. 车三进四　…………

红方进车掠象,是李来群改进后的走法。以往一般多走仕四进五,车2进6,马七进六,炮5进3,马六进五,象3进5,马五进七,炮9平3,车三平五,炮5进1,双方大体均势。

12. …………　车2进6

黑方如改走马9进8,则仕六进五,炮9平8,炮五平二,车2进6,车三退二,也是红方易走。

13. 车三退二　马9进8　　14. 仕六进五　车2平3(图19)

189

15. 炮五平二　••••••••••

如图19形势，红方平炮弃马，是进车掠象的后续手段，也是扩大先手的巧妙之着。如改走马七退六，则炮5进3，车三退三(如车三平二，则车3平6，车二退六，炮9平7，黑方得车胜)，炮9平7，黑方胜定。

15.　••••••••••　车3进1

16. 相三进五　车3退1

17. 炮二进一　••••••••••

红方进炮打车，利用"顿挫"将黑车赶至暗处，紧凑有力之着。

17.　••••••••••　车3进1

黑方如改走车3平7，则炮二进六，将5进1，车三平二，红亦大占优势。

18. 车三平一　卒3进1　　19. 炮二进六　士6进5

20. 车一进二　••••••••••

沉车叫"抽"，红可必得一子，奠定胜局。

20.　••••••••••　车3进1　　21. 炮二退二　士5退6

22. 炮二平七　马8退7　　23. 车一退三　车3平4

24. 车一平五　••••••••••

红方弃相杀卒，已算准黑方车马难有作为。

24.　••••••••••　马7进5　　25. 兵七进一　马5退6

26. 车五平四　马6进8　　27. 马二进四　士4进5

28. 兵七进一　车4退4　　29. 炮九平五　••••••••••

红方中炮邀兑，简明有力之着，令黑方无隙可乘。

29.　••••••••••　炮5平9　　30. 车四平一　炮9平7

31. 车一平三　炮7平9　　32. 炮七平二

黑如续走车4平8(如将5平4，则炮五平六)，炮二退四，车8进2，兵五进一，红方多子多兵胜定。

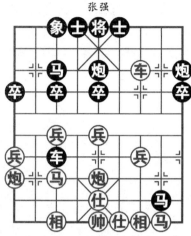

张强

李来群

图19

第 20 局

广东许银川(先胜)北京张强

(2005 年 4 月 9 日于北京)

全国象棋甲级联赛

1.炮二平五　马8进7　　2.马二进三　车9平8

3.兵七进一　炮8平9　　4.马八进七　卒7进1

5.马七进六　炮2平5

黑方补架中炮,形成中炮对三步虎转半途列炮的阵势,亦属常见走法。也可改走象3进5,以后转屏风马的阵势。

6.炮八进六　⋯⋯⋯⋯⋯

红方进炮压马,压制黑方右翼子力。如改走马六进七,则马2进3,炮八平七,马7进6,车九平八,车8进5,相七进九,炮5平6,黑可对抗。

6.⋯⋯⋯⋯⋯　车8进5

黑可考虑改走车1进2(如车1进1,则车九平八,车8进1,马六进七,车8平3,炮五平七,炮5平3,炮八退一,车1平2,车一进一,马7进6,车一平八,红方优势),红如接走车九平八,则车1平4,黑方要比实战走法为好。

7.马六进五　马7进6

黑方进马,保持变化的走法。如改走马7进5,则炮五进四,士4进5,车一平二,车8平4,车九平八,红方先手。

8.车一进一　士4进5(图20)

9.兵三进一　⋯⋯⋯⋯⋯

如图 20 形势,红方弃兵,为马五退四陷住黑车创造条件,灵活有力之着,也是扩大先行之利的巧妙之着。

9.⋯⋯⋯⋯⋯　车8平7

10.马五退四　炮5平2

黑方平炮"关炮",应走之着。否则红方有相三进一,车7进1,炮八退五,打死黑车的手段。

11.炮五退一　炮9平7

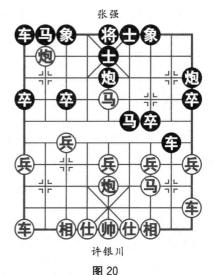

张强

许银川

图20

191

12.炮五平三　车1进1　　13.相七进五　车7进2

14.马四退三　车1平2

黑方如改走炮7进5,则炮三平八,红方优势。

15.马三进四　炮2平6

黑方应改走炮2进7,红如接走仕六进五,炮7进6,车一平三,象7进5,要比实战走法为好。

16.炮三进六　炮6进3　　17.炮三退一　车2进5

18.兵五进一　马2进3

黑方进马,嫌缓。应改走马6退4,红如炮三平五(如兵五进一,则炮6平5,仕六进五,马4进3,黑方反占优势),则象3进5,兵五进一,炮6平5,兑掉红炮后黑方尚有谋和之机。

19.车一平四　卒7进1　　20.相五进三　车2平5

21.车四平五　车5平6　　22.车九平七　马6进8

23.炮三平四　炮6平3　　24.车七进四　车6退3

25.车五平七　马3退4　　26.前车进二　车6进2

27.后车进三　马8进7　　28.仕六进五　马7退9

黑方应改走象3进5,较为顽强。

29.前车进三　…………

红方乘机掠取一象,其势更盛了。

29.…………　车6平7　　30.相三进一　车7进2

31.后车退二　车7退5　　32.兵五进一　马9退8

33.前车退六　车7平1　　34.后车平三　象7进9

35.车三进四　车1平5　　36.兵五平四　车5平6

37.车七平四　马8退7

黑方退马,无奈之着。否则红有车三平二捉马的手段。

38.兵四进一　车6平2　　39.仕五退六　车2平5

40.仕四进五　车5平1　　41.车四平二　车1平3

42.车二进五

黑方难以解拆红方车二平三捉死马的手段,遂停钟认负。